보험계리사 2차 합격은
스크린과 자기주관화가 답이다

수학연구사

목 차

머리말 ·· 1

I. 주관식 대비해서 책 읽어 나가기 ·· 3
  1. 가용지식범위 안에 넣고 꺼내다 쓰는 게 주관식 시험이다 ················ 4
  2. 모든 공부는 질문/답 구조이다 ·· 5
  3. 밑천이 있어야 많아야 써낼 것도 있고 기억되는 것도 있다 ············ 9
  4. 시험은 밑 빠진 독에 물 붓기라는데 그 외에도 ······························ 10
  5. 암기는 형식과 내용 두 가지가 다되어야 한다 ·································· 11
  6. 의외로 읽기의 기본이 안 되어 있는 사람들이 꽤 많다 ·················· 11
  7. 이해를 바탕으로 하되 체제에서 토해내져야 한다 ···························· 12
  8. 모르는 부분이나 의견 메모하기는 1차 때처럼 중요 ························ 12
  9. 자신만의 책, 자신만의 시스템을 만든다는 생각으로 공부한다 ········· 14
  10. 주관식 책의 단답화적 질문 또는 사고로 읽기 ································ 15
  11. 코넬식 노트 만들 듯이 읽기 ·· 16
  12. 지식을 가까이 두는 게 주관식 합격의 정답이다 ···························· 16
  13. 읽어내는 기본 원리 ·· 18
  14. 한 바퀴를 돌려서 책을 보면 분명히 얻어가는 게 있다 ················ 18

II. 나만의 화두집, 해설집을 만들자 ·· 21
  1. 들어가기 ·· 22
  2. 의의와 장점 ·· 22

3. 2차는 쓰기 시험이라 스토리집을 만드는데 주저한다 ·················· 23
  4. 화두집 해설집을 이미 실현하고 있는 사람도 있다 ·················· 23
  5. 주어진 화두 질문에 파팍 나오게 해야 한다 ························ 23
  6. 화두 질문에 파팍 나오는 상태의 의의 ································ 25
  7. 다른 우리 학습법의 주요 원리와의 관계 ······························ 27
  8. 다른 이론들과의 관계 ·· 28
  9. 파파파팍 떠올려지는 대상 ·· 28

Ⅲ. **기본 뼈대를 세운 후 나만의 생각, 주장을 첨가하라** ················ 29
  1. 들어가기 ·· 30
  2. 의의와 장점 ··· 31
  3. 기본 뼈대 정리가 미흡해도 고민과 주장으로 나아갈 수 있다 ········· 33
  4. 시험 날 이런 모습이 된다 ·· 33
  5. 실제 시험에서는 극적인 모습도 기대할 수 있다 ···················· 34
  6. 이해와 암기 대상은 여러 페이지지만 기본은 페이지별 ················ 34

Ⅳ. **테이블 개념을 가지고 학습에 임하라** ······································ 35
  1. 들어가기 ·· 36
  2. 쿵쿵따적 사고의 반영 ·· 36
  3. 머리에 쏙쏙 들어온다는 의미의 반영 투영 ························ 36
  4. 테이블은 결과물로도 유용하지만 만드는 과정도 큰 쓸모가 있다 ······ 37
  5. 테이블은 진정한 의미의 케이스 풀이다 ······························ 37
  6. 테이블은 짜 맞춘 것의 조합 ·· 38
  7. 테이블식 사고의 이동 횟수를 3으로 하기 ·························· 38

8. 테이블을 이용하면 공간에 대한 외움 부담도 줄어든다 ················ 38
   9. 연쇄식 테이블이 좋은 점 ······································ 39
   10. 연관식이라고도 비유가 된다 ································· 39
   11. 우리 뇌의 속성 중 순서성에 아주 딱 맞는 공부 방법 ············ 40
   12. 원래의 지식은 flat한 측면이 있다 ····························· 40
   13. 테이블 식으로 공부하면 예측이 가능하게 해준다 ··············· 41
   14. 학원에서 뭘 외우라고 줘도 곧이곧대로 받아들이지 마라 ········ 41
   15. 강한 인상을 가진 요소들을 포함시켜서 학습에 담을 수 있다 ····· 42

V. 강의 관점을 도입한 강의식 공부 ································ 43
   1. 들어가기 ·· 44
   2. 의의와 장점 ··· 44
   3. 강의식방법 도입의 전제 ·· 50
   4. 강의식방법의 도입의 기초 ······································ 53
   5. 강사와 2차 주관식 시험에서의 바라볼 관점 ····················· 54
   6. 일반 강사하고 다른 점을 염두에 두고 보자 ······················ 56
   7. 생각 또는 상정 가능한 반론에 대한 반격 또는 디펜스 ··········· 56
   8. 남의 책으로 강의하는 초짜강사, 자기 책으로 강의하는 강사 ······ 57
   9. 강의식 공부가 잘되면 책 읽기가 원활해야 한다 ················· 57
   10. 열심히 읽다보면 뭐가 되겠지 하는 마인드는 곤란하다 ·········· 58
   11. 파트별, 부분별 차별화를 염두에 둔다 ·························· 58
   12. 여러 번 강의하고 시험 날 그 강의를 파하는 구조로 생각하자 ····· 59
   13. 강사도 오래 강의하다보면 책을 외우게 된다 ···················· 59
   14. 강의마인드를 가지고 책을 보면 달라진다 ······················ 60

15. 이렇게 해서 머리가 정리되면 아주 효율적으로 지식이 쌓인다 ········ 60
16. 강의식 공부 관점에서 보는 '목차를 외워' 방식 ····················· 61
17. 시험을 보는 동안은 사고의 고정화를 시켜두는 것이다 ············· 62
18. 미시적인 흐름 전진, 거시적인 흐름 전진 ···························· 62
19. 강의식 공부는 책 한권을 다 외우는 부하를 줄여주기 위한 것 ······ 63
20. READER에서 LEADER로 ··· 63
21. 강의에서의 요약이 의미가 있다 ·· 64
22. 남는 독해가 제일 중요하다 ··· 64
23. 강의의 앞부분인지 뒷부분인지를 염두에 두고 읽는다 ············· 65
24. 메모가 과감하게 책에 쓱쓱 써진다면 아주 훌륭한 거다 ··········· 65

VI. 강의식 공부 세부적인 테크닉 ·· 67
1. 들어가기 ··· 68
2. 본격적 강의식 공부를 하기 전에는 이해가 선행이 되어야 한다 ······ 68
3. 처음 읽는 부분과 좀 익숙한 부분을 나누는 것은 의미가 크다 ······ 70
4. 연결되어서 찰지게 차례를 외워야 할 곳의 암기 ······················ 70
5. 뭐 다음에 뭐가 올지 흐름으로 파악한다 ······························ 71
6. 거기가 앞쯤이야? 뒤쯤이야? 하는 사고도 무시할 수 없다 ········· 72
7. 모자이크 사고가 지배 ·· 72
8. 타겟화 퀴즈화 ··· 72
9. 목차의 책에 나온 제목도 변형이 가능하다 ···························· 73
10. '이 부분에서는 이런 유머를 써야지' 원리 ···························· 74
11. '그냥 그렇겠지' 하지 말고 뭐를 덧대라 ······························ 75
12. 가급적 요건적 사고, 필요적 사고를 갖고 임하라 ·················· 76

13. 책에 있는 것은 요약하고 필요한 것은 안 보이던 것도 만들라 ······· 77
14. 정병렬 원리 ··· 77
15. 답안을 작성하면서 나오는 다소 공통적 질문은 흐름에 녹여라 ······· 77
16. 실력이 쌓이면 내용적 독립성과 생동감이 생긴다 ····················· 78
17. 자기 스타일의 강의로 판을 이끌어라 ························· 78
18. 공부 중에 나타나는 행동과 상태 정리 ····························· 79
19. 요약에 대해 고민 하다보면 출제자의 생각에 닿는다 ··············· 80

VII. 강의식 공부 비밀병기 [1] 3단 평가 ·· 81

1. 들어가기 ··· 82
2. 좋은 강의는 책만 읽는 강의가 아니듯이 ····························· 83
3. 3평과 속주석은 세부 공부의 가장 효율적 비밀병기이다 ··············· 83
4. 병렬 구성적인 것은 3평을 통해 나아가게 한다 ····················· 83
5. 머리에 남은 3평은 시험장에서 써먹을 밑천 ····························· 84
6. 3평은 지휘자 마인드의 작용 ····························· 84
7. 3평이 하나도 기억 안 날 여지는? ····························· 84

VIII. 강의식 공부 비밀병기 [2] 속주석 ·· 87

1. 들어가기 ··· 88
2. 속주석은 사고의 정리 단절 등을 해준다 ····························· 90
3. 속주석의 비유적 표현 ····························· 90
4. 말의 연속은 중간평가를 바탕으로 해서 나온다 ····················· 93
5. 강의식과 속주석의 관계 ····························· 93
6. 묘사력이 중요하다 ····························· 93

7. 병렬의식과 인과의식이 중요 ··· 94
8. 자습서를 스스로 만들어 내기에 비유 ······································ 94
9. 이런 속주석의 제작에 짬시간 활용도 가능하다 ························ 94
10. 속주석의 책에 적어주는 위치 ··· 95
11. 비주얼과 내용의 양동작전 ··· 96
12. 실제 기출문제나 모의문제를 보면서 계속 속주석을 생각하라 ········ 96
13. 속주석은 1차 객관식 때의 판단근거 비슷하게 작용한다 ············ 96
14. 속주석과 3평은 플랫폼적 도구 ··· 96
15. 속주석과 3평은 책을 읽음에 있어서 소화효소 같은 존재 ············· 97
16. 속주석과 3평에 재미있는 표현을 쓰자 ··································· 98
17. 말의 내용은 어떻게 끌어와지게 되는가? ································· 98
18. 2차 학습은 부지런히 3평과 속주석을 가다듬는 과정 ················ 99
19. 속주석은 바로 뒤의 것만으로 연결되지는 않는다 ···················· 100
20. 작용반작용 의식도 발휘가 된다 ··· 100
21. 평가가 있으면 그 다음이 있다 ··· 100
22. 강의식 공부가 본격화되어서 읽기의 목표가 달성이 되는지 ········ 100
23. 책에 속주석과 3평이 적혀가면 합격가능성은 높아진다 ············ 101
24. 공부 플랫폼이 좋으면 지식은 쉽게 들어오고 쉽게 토출이 된다 ··· 102

IX. 학원이나 기타 방법론을 보는 관점 ·· 103
1. 학원 강의를 바라보는 관점 ·· 104
2. 기타 법학 특유적 케이스 풀이론 ·· 105
3. 특수방법론으로서의 100회독 전략 ··· 106

머리말

법리적 사고가 필요하다

우리가 치러야 할 시험인 2차 시험의 과목은 계리리스크관리, 보험수리학, 연금수리학, 계리모형론과 재무관리 및 금융공학 등으로 과목 이름에는 법이라는 명칭이 붙어있지 않지만 법리적 사고 내지는 법적 시스템 사고 또는 리걸 시스템 사고가 아주 중요하다. 모든 사회과학의 정점에는 법리적 사고가 들어있기 때문이다. 그런 사고에 입각해서 '2차 시험을 어떻게 잘 이해하고 잘 외워서 잘 쓰고 올까?'의 관점에 대해서 이 책은 논한다.

리스크관리론 뿐만 아니라 모든 과목에서 구조적 사고가 필요하다

앞서 말한 법 사고나 구조적 사고는 가장 법 과목에 가까운 리스크관리론 뿐만 아니라 모든 과목에서 그런 시스템적 사고, 구조적 사고가 필요하다.

2차 주관식은 참으로 어렵다

2차 시험 논술식이 주는 스트레스는 지금까지 살면서 거의 겪어보지 못한 스트레스에 가깝다. 그것은 굉장히 많은 내용을 다 담아내야 하는 고통이기도 한데, 그것을 어떻게 효율적으로 해야 나의 뇌에 잘 품고 갈지에 대해서 고민을 하고 결론을 잘 내려야한다. 그에 대한 해법을 제시한다.

이 책의 활용: 수시로 좀 뭔가가 막힐 때 보라

공부는 특히 2차 주관식 공부는 반절 이상이 공부의 방법론이다. 그 방법론을 잘 세우고 즉 플랫폼을 잘 만들어 가는가, 마는가가 관건의 상당수를 좌우한다. 그러니 수리로 공부가 막힐 때 참조하고 보도록 하라.

특히 좀 더 수학적사고와 풀이법이 동원되어야 할 부분에서는 팁을 따로 설정했다

이 책 전반에 걸쳐 논문식과 주관식을 어떻게 접근해야 할지에 대해서 제시하는 논리는 수학적 문제들에도 공통적으로 적용된다. 다만 그래도 좀 더 수학적 사고가 필요한 문제들을 위해서는 따로 말미에 팁을 제시해서 좀 더 잘 파악하게 했다.

I. 주관식 대비해서 책 읽어 나가기

1. 가용지식범위 안에 넣고 꺼내다 쓰는 게 주관식 시험이다

1) 기본 의미

필요 지식을 내 머릿속 가용지식범위 안에 넣고 꺼내다 쓰는 게 주관식시험이다. 가용지식범위 안이라고 하면 '이야기가 잡힌 것'이라고도 표현이 가능하다.

2) 구간반복

그렇게 가용지식범위 안에 넣고 구간 반복을 시키는 것이다. 즉 일종의 속된 말로 뺑뺑이이다.

3) 어떻게 하면 가용지식범위 안에 들어가는가?

명명을 당하든지, 세트화 시켜서 요체로 만들어지든지 하면 가용지식범위로 들어간다. 그것보다는 다소 약한 것으로서 질문과 답으로 정의 내려짐도 거기에 해당한다. 우리 연구진이 강조하는 캐릭터를 부여받은 것도 하나의 명명을 받은 셈이 된다.

4) 가용지식범위 안에 못 드는 것은?

그렇게 가용지식범위 또는 무기화에 못 들어온다고 해서 꼭 답안에 구현이 안 되는 것은 아니다. 하지만 아무래도 좀 약하다.

5) 범위의 넓어지고 좁아짐

어떤 내용을 어떻게 물어보는가에 따라서 범위가 넓어지기도 하고 좁아지기도 한다. 그런 것을 유연하게 다룰 수 있는 것도 바로 이런 가용지식의 힘이 된다.

2. 모든 공부는 질문/답 구조이다

1) 기본 의미

모든 공부는 질문/답 구조이다. 어찌 보면 아주 당연한데도 그것을 기본으로 깔고 가지 못해서 공부를 그르치는 사람들이 많다. 즉 우리 연구진은 2차 주관식으로서의 스토리박스 같은 요체의 중요성을 강조하지만 그 전제로는 모든 논리 문서, 논리 아티클은 질문과 답 구조라는 것을 알고 가야 한다. 즉 요체가 맞기는 한데 좀 더 그 근원적 배경을 알고 싶은 생각에서 그런 생각을 함이 당연하다. 특히 초심공부를 하는데 있어서는 그렇다. 아직은 정도가 아니어서 요체가 아니라고 생각했는데 그게 아니라 지금도 요체 앞 단계의 무엇이 필요한 거 아닌가 싶어서 생각해보면 거기에는 질문과 답의 구조가 버티고 있다.

2) 인과성을 드러나게 표현하고 또 그렇게 공부하려면

인과성이 드러난 답을 채점자들은 리걸마인드가 있다고 해서 좋아한다. 즉 그것을 공부에 도입해서 단선적 인과성을 생각하면 '때문에' 같은 표현을 만나면 귀가 쫑긋해지는 것을 떠올릴 수 있다. 그래서 일단 메모적으로 주목해서 본다. 그게 바로 질문과 답의 가장 명확하게 드러난 모습이다.

3) 메모학습의 목표와 궁극 방향으로도 질문/답 구조가 중요

이렇게 되면 메모하고 다시 답 내고 하는 과정이 어떻게든 포섭된다. 즉 메모학습의 정교화, 정치화, 시스템화에 질문/답 구조는 중요하다. 메모를 하나 해도 정교하고, 정치하고 그 위치를 잘 파악하고 아이덴티티를 느끼면서 하게 된다. 이렇게 해서 이제 이 문서책의 단계가 높아지면 그 다음은 무엇을 추구하는 단계가 오려나? 바로 초연결 등의 단계로 가게 된다. 그래서 메모는 그 아티클 본질, 이해를 다르게 바라보는 측면이 된다. 즉 거의 같은 활동인데 보는 시각만 다르다. 즉 계속 책에 메모를 통해서 진도를 나가다보면 어떤 점에서 변화가 생기고, 변화가 나오는가? 라고 생각해본다. 즉 '메모를 해나가면서 회독수가 쌓이면 어떤 메커니즘이 생기는데?' 라고 스스로 물어본다면, '기존의 지식의 기반이 생긴다'는 답이 가능하다. 그 생긴 가운데에서, 즉 지식적으로 강하게 보강이 된 가운데에서의 전진이다. 즉 메모를 해나가면서 풀어내 가면 그게 질문과 답을 잘 던지는 것이고 그래서 그 본질을 가장 잘 이해하는 것이다.

4) 인쇄된 것만 믿지 말자 관점이라면

우리 연구진은 여러분들에게 책만 믿지 말자. 적혀진 것만이 다가 아니다 라는 식의 관점을 많이 설파한다. 그래서 내용이 그냥 인쇄만 되어 있던 상태보다 메모 등의 과정 통해서 더욱더 밀착적으로 바뀌게 된다. 이해밀착적이 된다.

5) 1차 객관식과 비교관점에서도

1차는 당부판단, 2차는 질문/답, 질문/답이기에 말이다. 그 점을 명확히 한다는 점에서 질문/답 구조에 대한 주목은 더 중요하다. 1차도 역시 질문과 답이기는 한데 고정이 중요했다. 2차는 질문을 정확히 하고 그 답을 대략이라도 이야기로 내는 게 중요하다. 즉 이야기를 풀어내는 답이 중요하다. 일차가 정확한 결론이 중요했다면 말이다. 2차는 사고 과정을 드러냄이 중요하다.

6) 내용학습의 가장 제대로 된 방향성

물론 그 내용은 메모학습에서 구현이 되기는 하지만, 그래도 질문/답 구조는 내용학습의 가장 제대로 된 방향이다. 시험을 잘 보고 말고는 다른 요소가 개입이 되는 좀 다른 차원의 문제라고 치더라도, 좌우지간 내용학습의 가장 제대로 된 방향성은 맞다. 그래서 메모는 형식을 질문/답은 내용을 담당한다.

7) 이래야 흥미로운 공부 재미있는 공부가 된다

가장 제대로 된 방향성이기에도 그렇다. 그래서 이래야 흥미로운 공부 재미있는 공부가 된다.

8) 책 구조의 마인드화 터미네이터의 눈화

질문과 답이라고 책의 구조를 마인드화/터미네이터 눈화 해서 보면 이렇게 책이 좋게 달라 보인다. 그렇게 하면 '책 내용, 책 형식대로 믿지 마라'가 보인다. 호흡이 좀 더 편하게 보인다. '뭉친 것은 잘라라' 논리에 의해서 말이다. 그리고 암기해야 할 대상 그러지 않아도 되는 대상이 나눠져서 보인다. 그래서 질문 답을 어떻게 발휘할까를 생각해보면 이제 책을 읽을 때도 그런 구조로 한다. 즉 그런 터미네이터 눈으로 봤는데 뭐가 안 잡히면 그때 메모를 한다. 그러면 메모가 더 정교해진다.

9) 질문/답과 요체의 관계

물론 요체도 질문에 대한 답이기는 하다. 둘의 차이점을 보면 요체는 복합적 내지는 단선 묶음이고 질문/답은 단선적이다. 그래도 질문/답이 되어야 여러 가지가 이어지고 초연결이 되고 요체도 만들어진다. 즉 지식이 가까워야 한다. 하다못해 읽은 기억만으로도 가까워지게 하는 것, 그래서 그 지식이 그 공간 바로 거기에서 위치하고 있다, 정도도 하나의 담기 목표로 해서 가는 것이다. 혹 원래부터 그 내용의 이해를 알고 있어도 말이다. 그렇게 그 제목 하에서 세부지식으로 '그게 공간적으로 거기를 차지한다'는 식으로서 그것을 끼고, 자리 잡음 개념이 생긴다. 아주 당연한 것은 예외로 하고 말이다.

10) 다른 부가 세부 개념과 질문/답의 관계

(1) 위치개념

질문/답이 확실하면 자연스럽게 위치가 나온다.

(2) 스크린

이게 질문/답이 확실해지고 확실히 이해가 되면 그러면 자리를 잡는다.

11) 질문/답에서의 질문은 두 가지 종류이다

내용적으로 종류를 분석하면 엄밀히 말해 질문은 두 종류이다. 즉 질문과 그에 대한 단답도 있고(what적인 질문), 그런 답이 왜 나오게 되었는지도(why적인 질문)도 있다. what 질문과 why 질문 사이의 관계나 뭐가 더 강력한 게 있는가? 라고 본다면 그것은 상황에 따라서 다소 다르다.

12) 케이스 풀 때

케이스 풀 때는 가급적 읽으면서 '이게 법적으로 뭐니?'하는 질문이 늘 내재되어 있다고 생각하고 개념을 끄집어낸다. 물론 그게 한 개로 끝나지 않기에 그 때 가서는 복합을 처리하는 복합해법을 추구한다.

3. 밑천이 있어야 많아야 써낼 것도 있고 기억되는 것도 있다

결국 2차는 백지에 써내는 것이다. 생각해서 써내는 것이다. 그래서 써내기 위한 로직은 알고는 무엇일까를 생각해보면, 바로 머릿속에 떠오르는 생각이나 팩트, 명제, 아이디어 등이 있을 수 있다. 하지만 그것은 너무 단선적이다. 바로 기억에 근거한 밑천이 된다. 그러한 밑천이 많아야 써낼 것도 있고 기억될 것도 있다. 그래서 밑천이 많아야 한다.

4. 시험은 밑 빠진 독에 물 붓기라는데 그 외에도

1) 원래의 의미의 밑 빠진 독에 물붓기와 그 확대

흔히들 시험은 밑 빠진 독에 물 붓기라고들 한다. 공부를 아무리 많이 해도 어딘가의 작은 구멍에서 졸졸 샌다. 때문에 잘 새지 않게 해야 한다. 그런데 이 말을 좀 더 세부적으로 분석을 해보면 우리가 주목을 해서 봐야 할 부분이 있다. 바로 아래의 새는 바닥 근처 부분이 아니라 바로 주둥이 부분이다. 즉 주둥이가 크면 아무래도 더 지식이 많이 빨리 잘 효율적으로 들어갈 것이다. 그 점을 명심하고 특히 주관식 2차 시험은 계속적으로 지식을 머리에 어느 정도는 채우고 가야 하기에 어떻게 채워 넣어야 좋게 채워 넣는지를 고민하고 가야 한다.

2) 논술식 시험은 보통일이 아니다

논술식 시험은 책을 전혀 보지 않고 내용을 써야 하니까 보통일이 아니다. 그러기에 이것은 다음과 같은 성질상의 의미 차이를 내포한다.

(1) 그 정확한 합격의 길을 아는 자와 모르는 자의 차이가 극명해진다

객관식은 상대적으로 그런 편차가 심하지 않은데 주관식 논술식은 그런 편차가 아주 심하게 진다.

(2) 합격이 거의 초장에 결정된다

객관식은 한 문제, 두 문제를 더 맞히는가, 마는가에 따라서 합격의 차이가 결정된다. 즉 뭐를 잘하고 길을 잘 닦아둔 사람도 절대적 머리에 채움 양이 부족하면 떨어질 수 있는 것이 1차다. 반면 주관식, 논문식은 거의 초장에 그 사람이 떡잎부터 될 답안지인지 아닌 답안지인지가 확 차이가 난다. 그래서 우리 연구진이 이야기하는 2차 시험의 핵심 툴 ① 메모 ② 스크린 ③ 요체 ④ 캐릭터 ⑤ 체제에 대한 관념으로 무장하면 그렇지 못한 사람과 초장의 합격여부에서 차이가 확연히 날 것이다. 수험생들에게 주어진 조건은 어찌 보면 비슷하다. 즉 분명히 주어진 조건이 같으니까, 즉 책과 시간 그리고 뇌이니까, 어떤 식의 수험전략을 짜는가에 따라서 2차는 확연히 차이가 난다.

5. 암기는 형식과 내용 두 가지가 다되어야 한다

결국 2차 시험도 결국은 암기의 승부이다. 그런데 그 암기는 결국 형식과 내용의 두 가지가 다 되어야 한다. 한 쪽에만 치우쳐서는 결코 좋은 암기 보조 도구가 될 수 없다. 그래서 학습 시너지도 내용과 방법의 시너지가 같이 간다. 즉 내용이나 콘텐츠가 되어서 형식을 이끌어 오기도 하고 반대로 형식 이런 것을 하면서 내용이나 컨텐츠가 같이 오게 되기도 한다.

6. 의외로 읽기의 기본이 안 되어 있는 사람들이 꽤 많다

의외로 주관식 시험을 보는데 읽기의 기본이 안 되어 있는 사람들이 꽤 많다. 주관식, 논술식 시험을 본다면 하면 그래도 꽤 실력자라고 주변에서 치부되는데도 말이다. 그런 허점을 가진 사람들이 꽤 많다.

7. 이해를 바탕으로 하되 체제에서 토해내져야 한다

결국 이해하고 되짚어 낸다는 것은 되짚어서 내되, 그냥 내는 게 아니라 체제를 가지고 낸다는 의미를 가진다. 어느 영역에서 뭐가 문제가 되어서 냄을 드러내고 하는 것이다.

8. 모르는 부분이나 의견 메모하기는 1차 때처럼 중요

1) 기본 의미

1차 때야 그냥 단선이니까 그런 메모적층식이 의미가 있는데 2차도 그런가? 라는 질문들을 던진다. 그렇다. 읽어가면서 모르겠는 부분 의견 있는 부분에 대해서 열심히 메모하는 것은 객관식이나 주관식이나 공통결론이다.

2) 과거에 적은 메모도 여전히 효력을 발휘하나?

과거에 해놓고 시간이 좀 지난 메모도 상관없는가? '상관있을 일이 뭐가 있는가?'라 생각하겠지만, 그래도 아무것도 안 적은 것 보다는 백배 낫다.

3) 메모의 중요성을 나타내는 비유적 표현

(1) 좀비

격투기 선수인 정찬성은 '코리안 좀비'로 불린다. 우리의 메모도 그런 성격이 짙다. 좀비와 싸우는 입장, 겨루는 입장에서는 짜증나겠지만 파견하는 입장에서는 다소 트로이의 목마처럼 안심이 되는, 스파이 역할이 된다. 그래서 책의 입장에서는 좀비이지만, 머리에 넣는 입장에서는 단계적 주춧돌로 작용한다.

(2) 미래의 나를 위한 활동

메모를 해서 의문을 달아놓으면 지금은 화장실가고 뭐 처리 안한 거처럼 허전할 수 있다. 그러나 미래의 나를 위한 활동이라고 생각하라.

4) 메모의 중요성 나열

(1) 다소 처리가 필요한 사항과 그냥 볼 사항의 필터링

책을 보자마자 다소 처리가 필요한 사항과 그냥 볼 사항의 구분 필터링이 바로 되지는 않는다. 그래서 그런 처리 구분이 가능하게 해준다.

(2) 적혀있다고 다 나의 지적재산은 아니다

물론 꼼꼼히 마음을 가다듬고 보면 '아, 이거였지'하고 생각할 수도 있다. 그러나 좌우지간 딱 봐서 그 뜻이 나오지 않으면 그것은 아직 지식적으로는 내 것이 아니다. 그런데 내 것으로 착각하기 때문에 논술공부의 괴리가 있는 거다. 그것을 딱 봐서 바로는 모르겠다는 단계에서 출발해서 구현, 안 출 단계로 치닫는 게 2차공부이다.

1차 객관식 때 봤던 건데 하고 한탄이나 탄식을 하는 사람들이 있다. 그러나 그것은 그것이고 이것은 이것이다. 전혀 다른 세계이다. 그러니 1차 때 봤던 거라고 탄식 할 필요가 없다. 이번엔 1차와는 다른 꼼꼼함으로 내용을 곱씹어 본다. 그래서 아주 바닥의 기초 지식부터 공부에 접근하게 한다.

메모의 의문이 해결될수록 나의 지식이 쌓이고 결국에는 스크린이 되는 거다. 내 눈에는 너만 보여 같은 식으로 결국에 메모는 사라지고 본질 내용만 스크린이 된다.

5) 메모학습의 극단적 방법

메모학습은 어떤 모습이던 잘만 수행하면 분명히 의미가 크다. 그래서 여러 가지 극단적 방법도 가능한데 예를 들어 '하루에 메모만 천개 하기' 도 가능하다. 그렇게 해서 아주 집중적으로 그 내용 이해에 목숨을 거는 것이다.

9. 자신만의 책, 자신만의 시스템을 만든다는 생각으로 공부한다

1) 기본 의미

자신이 책의 저자처럼 자신이 출제자처럼 임한다는 생각으로 접근하고 공부하는 태도와 생각도 좋고 중요하다.

2) 백지에서 시작하는 마음

그런 마음은 백지에서 시작하는 마음에 가깝다. 저자같은 경우에도 앞전의

참고서적 몇 권은 주어지겠지만 결국 자기가 써야 한다. 백지에서 내용을 세우는 즉 building 하는 입장이라고 보면 된다. 그래서 같은 결과물이 나와도 인쇄가 되어서 나오는 입장과 이렇게 형성이 되어서 내 지식이 된 입장은 다르다. 이런 사고는 그렇게 생각하게 되면 책의 내용에 너무 연연하지 않는다. 사실 그렇게 치면 2차 답안 작성자는 거의 저자수준의 고민을 담고 있는 사람들이라고 봐야 한다. 교과서 저자급의 지식이 머리에, 즉 학습자인 나도 교과서 저자급의 지식이 뇌에 고정되지 말라는 법이 없을 거라는 생각을 해보라.

3) 메모도 그런 사고와 과정에 도움을 준다

아주 초급적 상태의 메모에서부터 고민을 시작하고 전개하면 그런 식의 사고전개가 잘 일어나게 된다.

10. 주관식 책의 단답화적 질문 또는 사고로 읽기

1) 기본 의미

주관식 책을 단답화적 질문 또는 사고로 읽는 것이 중요하다. 2차의 주관식이나 논술식을 대비한다고 해서 그것 자체를 너무 어렵고 부담어린 시각으로 읽으려는 사람들이 너무도 많다. 그럴 필요가 전혀 없다. 주관식 책도 단답적으로 생각해서 읽어내면 된다. '2차 주관식 책을 읽다보면 결국 단답형 질문이 다 결집이 된 것으로 보이는데 그게 맞는지요?'하는 질문을 많이들 하는데 그 질문에 대한 절대적 답은 '맞다. 그 생각이 맞다'이다.

2) 질문과 답으로 보기

그래서 아주 단순하게, 가급적이면 단답식으로 해서 질문과 답 구조로 이해하도록 한다.

 11. 코넬식 노트 만들 듯이 읽기

주관식 책의 단답화적 질문 또는 사고로 읽기의 비유로 '코넬식 노트'를 들 수 있다. 네이버나 유튜브에 코넬식 노트라고 하면 자세한 설명이 나온다. 그 코넬식 노트를 만들 듯이 읽는 게 좋다. 그게 어떤 면에서는 주관식 책의 단답화적 읽기가 된다.

 12. 지식을 가까이 두는 게 주관식 합격의 정답이다

  1) 기본 의미

지식을 가까이 두는 게 주관식 합격의 정답이다. 지식과의 거리란 개념은 안출적 관점에서 봤을 때 더 잘 나오게, 더 잘 안출이 되게 하는 것이다. 그래서 공부할 구조 합격할 구조가 잡히면 글을 읽으면서도 안심이 된다. 우리 연구진은 두 가지를 택한다. '자연스러움'(세미적이라도)과 '캐릭터' 이 두 가지이다. 이들은 크게 완성되어져 가는 뿌리 들이다. 지식의 거리 개념 자세히 보면 어떤 게 거리가 가까운 지식인가? 생활에서 가까운 것, 자주 보는 것, 개별화가 된 것, 개별화가 처리가 된 것 등이 있을 수 있다. 남들은 어떻게 하는가? 그냥 반복해서 중기화로 만들기를 하는데 우리는 좀 더 치밀하게 지식거리 개념으로 가보자.

예를 들어서 남들이 많이 쓰는 학습법 중에 두문자가 있다. 두문자 같은 것은 그 파악을 하거나 전진을 하는 열쇠가 되기는 한다. 지식을 가까이 동원형이 되게 하기는 한다.

2) 자연스러움

원래 자연스러움이란 없다. 워낙 '거기 다음에 뭐니?'라고 할 때는 다양한 가능성이 있기에 말이다. 우리는 그것들 중에서 하나로 고정시켜나가는 구조이다. 그래서 우리는 세미 자연스러움을 노린다.

3) 캐릭터 활용

그래서 캐릭터 많이 (미리 미리)붙이기를 한다. 적어도 지금처럼 캐릭터가 전혀 없는 상태보다는 훨씬 더 책과 나와의 거리는 가까워질 수 있겠다는 관념이 필요하다. 일단 그 자체가 떠올라짐을 떠나서 개별화의 관점만 봐서도 말이다.

4) 지식을 안출되게 돌출되게 만든다는 의미에 구현되는 것이다

지식은 나와 가깝지 않지만 캐릭터들은 나와 가깝다. 그래서 나의 생활에서와 가깝다는 관념을 가지면 좋다. 암기 대상이나 암기 도구 자체가 난해성을 주지 않는다.

13. 읽어내는 기본 원리

1) 읽어내는 원리의 기본은 비교

읽어내는 원리의 기본은 당연히 비교이다. 학문의 기본이기 때문이다. 논리학의 기본이다. 그래서 단답적 질문과 답으로 구조분석을 해가면서 그 본질 내용으로는 바로 이 비교적 요소를 늘 품고서 독해하고 판단한다.

2) 인과관계

인과관계 이야기는 많이 나오지만 여기서는 원론적 기본 읽기적인 것을 조금만 넘어보려고 한다. 사실 질문과 답 구조는 가장 전형적인 인과관계의 구조이다. 그래서 읽어내는 원리의 기본은 당연히 인과관계이다. 학문의 기본이기 때문이다. 논리학의 기본이다.

14. 한 바퀴를 돌려서 책을 보면 분명히 얻어가는 게 있다

대충 보든 아주 빨리 흩어서 보든 간에 그렇게 보는 것은 분명히 얻어가는 게 있다. 그 이유들을 나열해 본다.

1) 결국 최종 시험은 분명히 책 하나의 전체 범위를 본다

전체범위를 보면서, 아무리 혹 제목 위주로 본다고 해도 그 전체의 함의에서 얻어가는 게 있음을 가져가게 된다.

2) 체제 내지는 시스템을 이해함에 있어서는 중요하다

결국 체제를 알고 시스템을 알아야 그 과목을 제대로 정복하는데, 그 정복에는 이러한 전체를 보는 것은 서로간의 연관관계를 잘 보여준다는 측면에서도 무척이나 중요하다.

3) 아이덴티티를 파악하기에 좋다

아이덴티티를 파악하기에 좋다. 즉 개수적인 아이덴티티는 파악하기에 힘든 부분도 있는데, 그 책을 다 보았는가의 아이덴티티는 좀 더 파악하기에 좋은 부분도 있다.

계리모형론과 재무관리 및 금융공학 공부 팁
: 자주 틀리는 실수는 실수 리스트를 만들고 관리하고 외워라

1. 기본 의미

개인차는 있겠지만 계산문제를 풀다보면 고교 때 수능수학처럼 분명히 자주 실수로 계산을 틀리는 부분들이 빈번히 발생한다. 그런 부분들을 '아휴, 또 틀렸네, 조심해야지 다음에는' 이렇게 안일하게 넘어가지 말고 반드시 리스트화 하라.

2. 자신이 염두에 두게 암기화하라

그렇게 리스트화 해서 일목요연하게 자신의 실수를 정리한 후에는 역시 그냥 넘어가지 말고 그것들에 대한 일종의 암기화를 하자. 그래서 그것들은 염두에 두는 수준이 아니고 내가 나에게 강의하고 훈육하는 수준으로 하게 하자. 그러면 우리 뇌는 좀 더 염두에 두고 임하게 된다.

II. 나만의 화두집, 해설집을 만들자

1. 들어가기

결국 필자가 말하는 것은 책에 인쇄되고 프린트 된 것에만 연연하지 말고 암기를 위한 이해를 자신의 메모를 잘 하고 정리를 해나가야 한다는 것이다. 이것들이 리스트화 되고 또한 더 모이면 하나의 화두집 또는 해설집이 이뤄지는 것은 당연한 결론이기도 하다.

2. 의의와 장점

다음과 같은 의의와 장점이 있다.

1) 콘티의 담아짐

'그것에 대해서 그냥 아는 대로 속 시원히 다 말해봐' 라는 기본 논리가 콘티형을 하면서 제시가 된다. 물론 '다'가 아니라 '그 중에서도 뭐가 문제가 되는지 중요한 것들을' 하는 말도 속에 당연히 내포하면서 간다.

2) 시험 당일의 컨디션과 운에 덜 영향 받게

이런 것들을 잘 인식하지 못하고 임하면, 시험의 결과가 당일의 컨디션에 휘둘리거나, 미리 딱 본데서 나왔는가, 등에 신경을 쓰게 되어서 그 스트레스가 막판까지 극도로 치닫게 된다. 우리의 방법은 미리미리 대비하자는 방법이다.

3. 2차는 쓰기 시험이라 스토리집을 만드는데 주저한다

객관식은 그저 4지나 5지 중에서 답이 나오면 그만이라고 생각하는데 2차는 쓰기 시험이라서 그 써내는 내용이 금과옥조와 같다고 생각들을 하기에 나만의 스토리나 나만의 이야기를 정리하는 것을 주저한다. 그러나 강의를 하는 삶 또는 사람을 생각해보라. 그 강사가 책과 모범답안에 있는 이야기만 해준다면 사람들은 '책 읽어주는 사람'이라고 비난할 것이다. 그것은 아니지 않는가? 그러기에 나만의 스토리집을 만드는 것이 무척이나 중요하다.

4. 화두집 해설집을 이미 실현하고 있는 사람도 있다

이런 화두집 해설집을 꼭 만들어야 합격을 한다고만은 말하지 못하겠다. 다만 이것을 이미 실현해서 하고 있는 사람도 있다. 그 실현이란 아주 명시적 실현이 아니라 잠재적 실현을 의미한다. 그러니 이미 그렇게 잠재적으로 하고 있는 사람은 더 명시적으로 해서 자기 것으로 만들거나 다소 모디파이 하는 모습도 가능은 하다.

5. 주어진 화두 질문에 파팍 나오게 해야 한다

 1) 기본 의미

2차 주관식 논문식을 준비하면서 바로 튀어 나오게 준비를 해두어야 한다. 그리고 명심할 것은 모든 수험전략에는 표현되어서 결과적으로 나오는 모습과 그 모습을 만들기 위한 준비적인 공부적인 공을 들이는 모습의 두 가지가 있음에 대해서 늘 생각해야 한다. 그래서 하나만 생각하면 그런 개념을 안출하거나 설정해두고 기쁨에 젖지만 그것도 잠시가 될 수 있다. 그래서 늘 그런 두 가지를 다 생각해야 함을 명심하라. 제목이 주어졌을 때 덤벼들 수 있어야 한다. 그 덤벼듦은 장악과 관련이 크다. 장악은 바로 출동, 실시간적 바로 출동이다.

2) 원래의 질문/답의 기본 구조는 단질문 단답이다

원래의 질문/답의 기본 구조는 단질문 단답이다. 그게 사람의 기본 학문의 공부의 기본이기는 하다. 원래의 객관식에서는 아무리 질문이 길어도 그래서 이게 맞니, 아니니 하는 게 기본구조이다. 그런데 주관식 2차는 그렇지 않다. 그래서 질문/답의 구조에서 답이 복합적으로 작용한다. 그 복합성은 난해하고 어렵지만 그래도 그것을 해결하기 위해서 이렇게 나름 속도감 있고 흔한 말로 단숨에 해결이 되게 하는 구조가 가게 한다.

3) 논리나 체제가 받쳐주기도 하고 반사신경적 시각이 받쳐주기도 한다

이것의 내용이 나오는 근거는 논리나 체제가 받쳐주기도 하고, 시각에 기본 기반을 둔 반사신경적 시각이 받쳐주기도 한다. 즉 '이게 나오고 나니까 그게 나와야 하는 거 아니야?' 하는 식의 다소 체제적이고 논리적인 요소 작용하지만 또한 그러면서 복합적으로 뇌 작용으로 일어나는 시각이나 반사신경적 요소 등, 다소 감각적이고 논리와는 상관없는 요소도 작용한다. 특히 이게 일종의 리듬감을 다소 가지고 있는 점도 주목해서 생각해봐야 한다.

6. 화두 질문에 파팍 나오는 상태의 의의

 1) 공부의 목표적 바로미터

그런 상태가 되어야 스스로 공부가 되었다고 바로미터가 될듯하다. 그런 상태가 되면 심리적 안정도 찾아온다.

 2) 공부의 완성적 모습

(1) 내적인 완성

연구만 할 수는 없다. 공부의 방법론적 고민도 그 깊이가 담겨야 한다. 아직은 좀 다소 허전하게 생각하는 부분이 있다면, 더 안정되게 더 가게 하는 부분을 만들고 싶다는 생각으로 한다.

(2) 외적인 결과적인 완성

우리 자신이 평가관, 심사관이라도 그제야 나오는 사람과 바로 팍 나오는 사람은 좀 다르게 볼듯하다.

 3) 공부내용에 대한 장악적인 모습

공부내용에 대한 장악적인 모습으로 작용한다. 장악이 되어야 스스로의 내용도 좋게 나오고, 심리적으로도 편하다.

4) 텔렉스처럼 무척이나 빠르게 움직이는 모습

과거에 텔렉스라고 하는 타자치 듯이 파파파팍 하고 글자를 쳐대는 통신기구가 있었다. 그런 텔렉스가 글자를 치면서 이동하듯이 움직이는 것이다.

5) 공부를 담아두는 하나의 틀이나 포맷으로 작용하기도 한다

우리 주관식 공부를 위해서는 참 많은 노력과 공부를 하지만 실제 시험에서는 그 구현이 그 욕심만큼은 되지 않는 경우들이 많다. 그러기에 이것은 공부를 담아두는 하나의 틀이 된다. 그 '파팍'에만 만족해도 꽤 나쁘지 않은 틀이 나오기 때문이다.

6) 좀 더 연속성적 관념에 입각한 공부를 염두에 두게 된다

공부를 하면서 좀 더 연속성적 관념에 입각한 공부를 염두에 두게 된다. 그래서 바람직하다. 그래서 아직은 연결적인 게 안 나오면 스스로 '아직은 더 해야 해'하는 도덕적인 다그침을 하게 된다. 또한 아직은 잘 해결이 안 되거나 모르는 부분에 대한 학습메모를 할 때 그런 것을 해두면서도 연속성적인 고려를 하면서 하게 된다.

7) 그렇게 해서 동기부여로 작용하기도 한다

'이렇게 몇 개를 만들어야지' 내지는 '전체를 이렇게 만들어야지' 하는 생각이 더 공부를 추스르고 가게 하는 동기부여적인 생각을 하게 한다. '그래도 오늘 밤까지 이렇게 나오는 거 10개는 만들어야지' 하는 식으로 말이다.

7. 다른 우리 학습법의 주요 원리와의 관계

다른 우리의 주요학습 개념 즉 스크린 요체 캐릭터 체제 등과의 관계에 대해서 살펴본다.

1) 스크린 관련

(1) 기본 의미

스크린으로 구현되는 아주 핵심적인 것들의 모습이 된다. 즉 스크린의 아주 빠른 속도판이다. 다만 그 스크린이 되는 것은 요체나 특히 캐릭터의 도움이 크다. 스크린의 동적인 모습이 엑기스가 추려지고 거기에 속도는 더해진 모습이다. 이렇게 되면 사람들이 흔히 말하는 사진 찍기의 형태가 더 완성이 된다.

(2) 붙들어 두려는 의지

그렇게 붙들어 두려는 의지가 있어야 정말로 붙게 된다. 그냥은 좀 쉽게 되지 않는다.

2) 체제와의 관련

'이렇게 구성을 해봐야지' '이렇게 파팍 나오게 해봐야지' 하는 생각을 하게 되면서 체제와의 구성에 대해서 고민을 하게 된다.

8. 다른 이론들과의 관계

  1) 김일병 원리

 김일병 원리가 그저 단순하게만 보면 단답이고 단세포적인 것으로 볼 수도 있지만, 실제로 2차 시험에서의 것들은 그저 그렇게 단순한 게 아니다. 그러기에 좀 더 확대된 김일병 원리라고도 볼 수도 있다.

  2) 결사대 원리

 이렇게 해서 형성이 되어서 나오는 지적재산들이 일종의 결사대가 된다. 그래서 시험에서 나를 구원해준다.

  3) C 교수 원리의 속도화 & 확실화

 이제는 우리가 C 교수 원리에 대해서 어느 정도로 파악이 되었으니 더욱더 그것을 확실화 또는 속도화를 시켜보는 것이 그것의 답으로 작용한다.

9. 파파파팍 떠올려지는 대상

꼭 하나의 키워드일 필요는 없다. '그런 거였지'하고 느낌만 와도 된다. 뇌에서의 움직임이다. 자세한 것은 실제로 그것을 서술할 때 적어내면 되니까 말이다.

III. 기본 뼈대를 세운 후 나만의 생각, 주장을 첨가하라

1. 들어가기

   1) 인생과 공부 다 듀얼이다

(1) 기본 의미

우리 인생과 공부는 둘 다 이중성을 가지고 있다. 그것이 우리식으로 말하면 듀얼이다. 그런 듀얼은 두 가지 성질을 가지고 있으면서도 서로가 서로를 이끌고 간다는 점이 핵심이 된다. 그래서 기본 뼈대를 만든 후에 거기에 더 심도있게 양념을 추가로 해서 나만의 고민, 생각, 주장 등이 첨가가 되고 부가가 되면 그것이 바로 나의 실력을 늘리고 자연스러운 암기가 되게 한다.

(2) 왜 우리 인생에서는 듀얼이 의미가 큰가?

인간의 욕망상 제대로 뭔가를 하고자 할 때는 보강장치, 안전장치를 두게 마련이다. 또한 모든 물리적 사회적 현상이 두 가지 측면, 양면을 같이 가지고 간다.

(3) 각 분야별로

강의의 모든 원리에서 듀얼은 의미가 크다. 강의에서도 듀얼은 존재한다. 강의에서의 듀얼은 어떤 모습인가? 텍스트 교재에 적혀있는 것과 적혀 있지 않은 적을 것이다. 그것을 잘 해주면 좋은 강의라는 소리를 듣는다. 교재와 말도 듀얼적 요소가 있다.

2) 완벽한 공부법은 나름 여러 가지 중요요소들로 구성된다

(1) 각자의 공부법과 그 장단점

각자가 다 나름의 공부법을 가지고 있지만 다 불투명하고 흐릿하다. 단점이 있음에 대해서 스스로도 안다.

(2) 우리의 최차선 공부법의 핵심요소

우리의 최차선 공부법은 다음과 같은 핵심요소가 있어서 나름 옹골차게 구성이 되어 있다. 이것들은 다른 사람들의 여러 가지 공부법에서의 좋은 요소를 취합하고 또한 여러 자체적 시행착오와 검증을 통해서 나온 것들이다.
① 3이라는 공간적인 구도 잡기
② 두문자 등의 암기수단 암기보조수단의 검토
③ 자기 자신의 사고가 가장 아주 중요하다는 생각의 포섭

2. 의의와 장점

1) 최상의 공격은 최상의 수비

(1) 기본 의미

암기라는 게 억지로 막 암기하려고 하는 것보다는 적극성을 가지고 나의 주장과 생각대로 밀어붙이면 그것은 더욱더 자연암기가 된다. 마치 스포츠에서 최상의 공격은 최상의 수비가 된다고 하는 것처럼 말이다.

(2) 선행학습의 원리도 적용

여기에는 선행학습의 원리도 작용한다. 즉 뭔가의 심도를 갖고 하면 그 앞 단계는 좀 더 쉬워지고 속된 말로 '껌'이 된다.

2) 점점 책은 무거워지고 머리는 가벼워진다

뼈대가 빌딩이 되고 책에 나만의 체제가 완성이 될수록 점점 책은 가벼워지고 머리는 무거워진다.

3) 자신만의 이야기에 몰두하기를 좋아하는 사람에게는 아주 좋다

그런 사람들이 있다. 틀에 박힌 공부보다는 자신만의 이야기에 몰두하기를 좋아하는 사람들, 그런 사람들에게는 이 방법이 아주 좋다.

4) 아주 꽉 찬 느낌의 시간효율의 공부를 하게 된다

시간을 꽉 차게 쓰면서도 효율은 높고 지루함도 덜하다. 그래도 사람이니까 어찌 지루함이 없을 수 있겠냐만 그래도 이것을 하다가 저것을 해도 되고 저것을 하다가 이것을 해도 된다. 아주 꽉 찬 느낌이다.

5) 강한 자신감으로 가득참

그렇게 되고 나서의 효과는 내용에 대한 자신감으로 가득 찬다. 비유적으로 면허를 받은 의사 같은 자신감이다. 뭘 해도 된다. 물론 더 해야 한다.

6) 중간보조 암기도구의 적절한 활용

왜 중간보조 암기도구가 있으면 좋은가? 바로 감에 대해서의 뇌 부담을 줄여준다. 특히 법과목 등에서는 법지식은 멀고도 동일한 요소가 너무 많다.

3. 기본 뼈대 정리가 미흡해도 고민과 주장으로 나아갈 수 있다

법리적으로 해당 교과서를 아직은 머리에 완벽히 담고 외우지는 않아도 그 숨은 원리, 그 배경세계, 그런 것에 대해서 말을 만들고 외우려고 해보는 시도가 가능해진다. 거기에는 비유 개념도 들어갈 수 있다. 그래서 기본 뼈대에 대한 정리가 다소 미흡해도 고민과 주장으로 나아갈 수 있다.

4. 시험 날 이런 모습이 된다

  1) 기본 의미

우리는 결국 시험을 보자고 이런 노력과 공부 고생을 하는 것이다. 그러기에 이렇게 공부해서 시험 날 어떤 모습이 될지를 생각해서 예측하는 것은 무척이나 중요하다. 그래서 이렇게 될 것을 과감히 단언한다.

  2) 최차선이 된다

떠올라지는 정도가(노력여하에 따라서) 어느 정도인지 좀 차이는 있을 수

있으나 우리연구진의 방법대로 하면 100프로 완벽한 것은 아니어도 최차선 적으로 떠올라진다. 즉 99프로는 좋은 상태, 거의 퍼펙트 베스트 상태로 간다. 100프로 상태는 어차피 신만이 아신다. 즉 나의 역량에서의 최차선으로 간다. 최최선은 하나님만이 안다. 마치 의사들이 어디 근육이 좀 상하고 좀 더 좋아지는 메커니즘은 몰라도 대략 규명은 하듯이, 나도 그런 식의 대략규명은 한 가운데 간다. 어찌 보면 이는 불치병의 세계처럼 남들이 그다지 안 하고 알아서 하고 가라는 식으로 하고 갔던 부분이다. 그저 N회독 그저 서브노트 목차카드 식으로 말이다.

5. 실제 시험에서는 극적인 모습도 기대할 수 있다

답안지를 쓰다보면, 극적인 모습도 기대할 수 있다. 내 입장에서는 나만 잘 쓰던 그런 특이한 단어인데 그 부분을 연상시키는 데에 도움이 되게 해서 답안지에 극적으로 안출되게 할 수 있다.

6. 이해와 암기 대상은 여러 페이지지만 기본은 페이지별

하나의 문제는 몇 페이지로 이뤄진다. 그것은 아주 본질적으로, 타겟적으로 외워내야 하는 대상은 아니다. 기본은 페이지별이 되어야 한다. 그래도 하다보면 여러 페이지는 부수적으로 알아서 같이 나오게 되는 대상이 된다. 알아서 같이 나온다는 의미가 무엇인가? 접합적으로 같이 나온다는 의미가 된다.

IV. 테이블 개념을 가지고 학습에 임하라

1. 들어가기

테이블은 공부를 정리하고 그 정리한대로 표현을 하게 되는 최소 단위로 작용한다. 강의로 치면 하나의 말의 이야기꺼리가 되는 게 바로 테이블 개념이다.

2. 쿵쿵따적 사고의 반영

쿵쿵따가 무엇인지 알 것이다. 예전 TV 오락프로그램에 나왔던 게임의 이름으로 '쿵쿵따' '쿵쿵따' 하면서 말끝을 이어 끝말잇기 하는 게임이다. 우리의 논술식 시험도 그렇게 쭉쭉 나오면 얼마가 좋을까? 그런 원리가 쿵쿵따 원리이다. 물론 텔레비전에 나오는 쿵쿵따는 요구되는 연쇄적 수준도 낮고 거기서 이해되어야 하는 내용적 수준도 낮기에 그다지는 어렵지 않다. 하지만 우리가 해야 할 공부는 심도가 있기에 좀 그렇긴 하다. 그래도 그런 식의 원리가 도입이 되면 우리가 좀 더 공부를 편하게 또한 효율적으로 할 수 있을 것이다.

3. 머리에 쏙쏙 들어온다는 의미의 반영 투영

머리에 쏙쏙 들어온다는 의미를 반영해서 암기의 방법 또는 논술시험의 공부법에 대해서 검토를 해보자. 왜 우리는 '머리에 쏙쏙 들어온다.'고 표현을 하는 걸까? 누구인가의 강의나 설명, 유튜브 등에서의 설명이 논리정연하고 깔끔할 때 우리가 머리에 쏙쏙 들어온다고 한다. 그런데 그것의 의미를 따져보면 그것은 두 가지 의미가 있을 수 있다. 일단 입력단계에서 의미이다. 그래서 입력단계에서 뇌의 결에 따라서 즉 뇌가 선호하는 순서에 따라서 잘 들어오면 머리에 쏙쏙 들어온다고 생각한다. 또한 다음으로는 소멸에서도 그렇다. 한번 들으면 무슨 지식이던 아주 짧은 순간은 기억을 한다. 그런데 시간이 지나면 그 기억이 쇠퇴해진다. 그러기에 '쏙쏙 들어오는구나.'라고 느낀다는 것은 바로 그런 소멸이 잘 안 된다는 의미이고 이것은 그런 입력이 오래가게 입력이 되었다는 의미가 된다. 거기에 덧붙여서 그 내용이 나오게 되는 실마리도 잘 기억이 되는 소재를 삼았다는 의미를 가지기도 한다.

4. 테이블은 결과물로도 유용하지만 만드는 과정도 큰 쓸모가 있다

테이블은 만들어진 결과물도 유용하지만 그것을 만드는 과정도 큰 쓸모가 있다. 즉 ① 정리가 잘 안 되는 과목 ② 딱히 전체를 관통하는 논리정연성이 적어서 머리에 잘 안 박히는 과목 ③ 각 파트별로 까다로운 단계성을 가지고 있어서 폭넓은 이해를 필요로 하는 과목 등에 유용하다. 즉 그 과정 중에서 '내가 이걸 (나 또는 가상의 누구에게) 가르치겠어.'하는 식의 사고를 가지고 임하는 아주 좋은 도구가 된다.

5. 테이블은 진정한 의미의 케이스 풀이이다

어떤 과목은 흔한 말로 사례 문제, 즉 케이스 문제가 나오고는 한다. 그런 데에서 테이블은 진정한 의미의 케이스 풀이로 작용한다.

6. 테이블은 짜 맞춘 것의 조합

테이블은 짜 맞춘 것의 조합으로 작용한다. 그래서 어떤 때는 그게 복합적으로 작용해서 답을 이룬다. 중복 테이블 식으로 말이다.

7. 테이블식 사고의 이동 횟수를 3으로 하기

테이블은 결국 사고의 이동을 나타내는 개념이다. 즉 그렇게 해서 이동의 횟수를 3으로 하면, 끝에 가서는 '잘했어, 잘 외웠어.'하는 기능이 있다. 그렇지 않고 무한히 외우는 것은 상당히 피곤하게 하고 힘들다.

8. 테이블을 이용하면 공간에 대한 외움 부담도 줄어든다

  1) 기본 의미

테이블을 본격적으로 도입하기 전에는 공간에 대한 외움 부담이 컸다. 저 많은 페이지들을 다 외워야 하는가? 하고 말이다.

  2) 재밌고 안전하게 합격하게 한다

외우에 대한 부담이 줄어들게 되니, 좀 더 공부가 재미가 있고 안전하게 합격하게 한다.

9. 연쇄식 테이블이 좋은 점

1) 처음의 도입을 스무스하게 한다

저 많은 사실들을 다 외워내는 것은 참으로 힘들지만 또 꼭 하기는 해야 하는 사실이다. 그럴 때 좀 더 스무스하게 들어가게 하는 관문이 있다면 그런 작업의 부담이 다소는 줄어든다. 그런 모습을 보여주는 것이 바로 연쇄식 테이블이 될 것이다. 회계학 같은 과목에서의 테이블은 아주 논리정연해서 뭐가 나오면 자연스럽게 뭐가 연결이 될 수 밖에 없는 일의적 필연적 요소를 가지지만 법과목 등에서는 꼭 그렇게 가지만은 않기에, 또한 다른 수많은 유사한 모습의 것들과는 차별성이 있게 가야 하기에, 이런 것들의 도입이 필요하다.

2) 뇌 의학적으로도

뇌 의학적으로도 저 뇌의 깊고 많은 서랍 안에 저장되어 있는 것을 잘 끄집어 내오는 역할을 하게 한다.

10. 연관식이라고도 비유가 된다

수많은 연관식이라고도 비유가 된다. 연관 테이블이 말이다. 물론 그게 하나의 그냥 홑문장으로도 되지만 가급적 3개의 세트 개념으로 또는 3개의 구조 개념으로 가게 해서 좀 규격화되어서 가게 하자는 것이 우리 연구진의 제안이다. 물론 그게 여기서 시작해서 한곳으로만 가는 게 아니라, 이것이 갑 문제, 을 문제, 병문제로 가는 식으로의 구조도 가능하다.

11. 우리 뇌의 속성 중 순서성에 아주 딱 맞는 공부 방법

1) 기본 의미

결국 공부는 뇌가 해야 한다. 그런데 머리에 넣어야 할 양, 즉 흔한 말로 공부량은 어마어마하게 많다. 그러기에 이것은 뭔가의 클루가 있어야 한다. 즉 그것을 읽고 이해하고 그런 다음에 외워서 토출하기 위해서는 당연히 그 개념 자체가 가지는 자체 논리적인 것들이 가장 우선 문제가 된다. 그 다음으로는 순서성이다. 즉 뇌는 저 많은 것들이 랜덤하고 불규칙적이라면 외우기가 힘들다. 그러기에 가급적 우리 뇌가 편하게 받아들일 결대로 가야 한다. 그게 바로 순서이다. 알파벳 순서, 가나다 순서, 숫자 순서 등 말이다. 우리 뇌의 속성 중 순서성에 아주 딱 맞는 공부방법이 이것이라고 봐야 한다.

2) 또 하나의 뇌의 질서: 강한 인상성

그런 다음에 또 하나의 강한 뇌의 질서가 있다. 바로 강한 인상성이다. 즉 강한 인상을 남기는 것은 아무래도 뇌에 큰 흔적을 남겨서 기억적으로 오래가고 끄집어 내오기도 좋다.

12. 원래의 지식은 flat한 측면이 있다

지식 즉 우리가 시험을 보면서 습득을 해야 한다고 해서 머리에 넣어야 할 지식을 책으로 본다면 무지막지하게 많다. 과목당 최소 책 한권은 되니까 말이다. 그런데도 다 머리에 넣고 결국에는 시험에서 어떤 식으로든 표출해 낸다. 그런 측면을 보면 분명히 지식은 flat한 요소가 있다. 그 와중에 뭔가의 논리를 더 끄집어내서 외우고 하면서 그 많은 지식을 머리에 담아서 결국은 시험 보러 가는 것이다.

13. 테이블 식으로 공부하면 예측이 가능하게 해준다

예측의 위대성을 생각해본다. 즉, 무엇을 하더라도 그것을 해보지 않았어도 예측해 낼 수 있는 사람이 위대하다. 시험이 어려운 것도 자신의 공부의 수준이 이게 과연 합격이 가능한지 아닌지가 가늠이 안 되는 점 때문에 힘들다. 그런 점에서 시뮬레이션의 존재감은 여전히 존재한다. 특히 2차는 그런 점이 중요하다.

14. 학원에서 뭘 외우라고 줘도 곧이곧대로 받아들이지 마라

학원의 스터디 등을 다니다보면 뭘 외우라고 나눠주는 사항들이 있다. 그것을 받아들면 한숨이 또 나올 것이다. 아 이걸 또 외워야 하나? 하고 말이다. 그러나 그것을 그냥 평면적으로 외운다고 생각하면 정말로 답답하다. 뭐 하나 혹을 더 붙이는 느낌이다. 그러지 말고 그것을 어떻게든 잘게 부수고 하이에나처럼 분석하고 잘라서 나만의 방식으로 정렬과 관계화를 시켜서 외운다고 생각하고 간다. 그래야 공부가 재미가 나고 지치지 않고 간다. 그러니 학원 등에서 뭘 외우라고 줘도 곧이곧대로 받아들이지 말라.

15. 강한 인상을 가진 요소들을 포함시켜서 학습에 담을 수 있다

사람들은 무엇이 출제가 되었다 하면 거기서 무엇이 논점이고, 그게 어떤 점이 강조가 되어야 고득점이 나오는지에 대해서 굉장히 관심분야가 되고 나름대로 기억도 잘된다고 생각한다. 그런 생각은 누구나가 해본 적이 있다. 그래서 각 문제마다 그러면 좋겠다는 식의 생각들을 많이들 한다. 여기의 연쇄식 테이블은 그런 관점을 도입을 해서 공부에 적용시킨다.

주관식에서는 오히려 그 제목하면 팍팍 떠올라야 하는 그런 내용이 있는 게 복기에 쉽고, 그런 게 없는 게 어렵다. 그래서 흔한 말로 별 내용이 없는 쉬운 내용이 오히려 어려운 부분이라는 역설이 작용한다.

보험수리론 연금수리론의 공부 팁
: 나만의 결론이 꼭 주관식적 결론은 아니다

본문에서 나온 나만의 결론은 뭔가 정책학적이고 법학적인 과목에서 주효하다. 다만 수학적인 과목에서도 그것을 무시할 것은 아니다. 특히 중간의 답이 나오는 과정에서 자신만의 관점을 자기고 즉 답안에서는 풀이로 현출이 되지 않아도 자신의 뇌 속에서는 움직이는 계산의 과정 근거 등을 자신만의 언어로 잡고 있어라. 그게 합격으로 이끈다.

V. 강의 관점을 도입한 강의식 공부

1. 들어가기

2차 논술 주관식은 분명히 방법론이 무척이나 중요한 활동이다. 그래서 이것을 강사로서의 삶과 모습에 빗대어 생각해보면 2차 공부는 더 답이 잘 나온다. 이것은 보는 눈에 대한 이야기가 된다. 어떤 눈? 눈의 어떤 부분이 문제가 되어서 이렇게 말하는가? 바로 책을 읽고 판단하고 기억해내는 눈에 대한 이야기이다.

2. 의의와 장점

1) 강의를 하는 것도 하나의 형식적 자극과 동기

(1) 기본 의미

그 자체가 그런 생각을 하면 그냥 지식을 그대로 두지는 않기에 의미가 있다. 그래서 입력 시에 그리고 출력 시에 다 좀 그냥 밋밋하게 단순히 읽고 가는 것과는 좀 다른 차이를 보인다.

(2) 지식의 가치가 높아짐

지식의 가치가 높아진다. 예를 들어서 밋밋한 지식이면 그 지식자체로는 의미가 좀 떨어지는데, 이렇게 다소 막연하게라도 강의를 한다고 하면 밋밋하다고 평가하는 자체가 하나의 정보가 되고. 거기서 나아가서 이것도 어떻게 하면 더 재미있게 강의할까? 하고 고민하는 게 더욱 의미가 깊어진다.

(3) 본텍스트의 복기

텍스트에 적힌 내용들이 자연스럽게 붙으면서 본 텍스트가 기억난다.

2) 강의를 하려면 속뜻까지는 아니어도 그 문언자체는 외워야 한다

강의를 하기 위해서는 강의 할 문언을 외워야 한다. 이는 외움의 동기부여가 강하게 다가온다.

3) 더 내용에 몰입

강의를 위해서 즉 표현을 위해서 이야기를 정리하고 제시를 하다보면 더 거기에 몰입해서 하게 된다. 더 내용에 와 닿게, 깊게 들어가게 한다. 또한 다른 차원으로 책을 읽게 하니까 좀 더 몰입한다. 그냥 읽으면 맹숭맹숭하다. 특히 1차 같은 상황에서는 당부판단을 위해서 열심히 읽는 부분이 있는데 2차는 그런 식의 당위적 목적성은 없고 안출해 내야 한다는 것만 있으니 열심히 안하게 된다. 그런데 강의식을 목적으로 하면 좀 다른 세컨드 목적이 생기는 셈이다.

4) 특수한 개인적 성향에도 맞는다

(1) 일부 책을 줄줄 못 읽는 사람들에 대한 처방

책을 쭉쭉 처음부터 읽어 내려가지 못하는 사람들이 많다. 이는 문제가 있다기 보다는 사람의 성향이고 그런 사람들도 모로 가도, 서로 가도 남대문만 가면 되기에 그들이 효율적으로 답안을 내기 위한 것으로서 필요하다. 사실 꼭 그렇게 앞에서부터 줄줄 읽어야 할 필요도 없다.

(2) 강의를 많이 해본 사람에게 유리

이 방법으로 하면 강의를 많이 해본 사람에게 유리하다. 당연한 것이라고 할지도 모르나, 그렇다고 해서 강의를 해보지 않은 사람도 필자의 지시대로 하면 금방 익힐 것이기에 그다지 어려운 것도 아니다.

(3) 강의를 좋아하는 성향을 가진 사람들에게 유리

이 방법으로 하면 아직 강의 무대에 데뷔를 하지는 않았어도 강의를 좋아하는 성향을 가진 사람들에게 유리하다.

5) 심화논문중시 공부법의 도입 관점

어떤 2차 준비생은 기존에 수험생들이 보는 것보다 더 심화된 내용의 논문 등을 같이 탐독해서 본다. 그래서 심화된 것을 노린다. 이것은 그 내용을 노린 것도 있지만 형식, 즉 그것을 통해서 발표하고 토론하는 형식을 노린다. 다시 말하면 그런 심화된 단서가 마치 선행학습 원리처럼 더 기본적 기초적 부분은 자연스럽게 외워지게 한다. 이것도 일종의 강의식 방법이 주는 차원의 장점이 된다.

6) 법대생들의 스터디 바라보기와 그 도입

스터디를 잘한다는 것은 강의적 관점이 발현된 것이다. 그게 또 하나의 수

수께끼를 풀어낸다. 물론 그것은 흡수의 측면도 있기는 하지만 말이다. 그들의 스터디에서 비쳐진 모습도 그렇지만 속으로의 준비가 의미가 있다. 표현된 시간도 그렇지만 그 준비 시간도 의미가 크다. 특히 책을 안 보고 막 이야기 하는 사람을 지향한다면 더욱더 말이다. 어차피 차이는 아주 극소하다. 워낙 기본적으로 공부들을 하고 오기들 때문이다.

7) 흘러가버릴 수 있는 잡생각을 잘 담아서 꼬박꼬박 활용하는 것

공부를 하다보면 만나거나 나올 수 있는 생각들은 분명히 여러 가지 좋은 활용 여지가 있는 것들도 많고, 또한 그중에서도 강의적 아이디어를 품고 있는 것들도 많다. 그런 것들을 잘 담는 용기 같은 시스템이 필요한데 우리가 그것을 담으면 이제 이것은 그런 여러 가지 생각과 아이디어를 잘 활용, 재활용하는 것이 된다.

8) 아주 당당하게 임한다

여러 가지 대상을 다 끄떡없이 포섭하고 다 여과 시켜 내니까, 스스로 아주 당당해진다. 당당하게 머리에 넣어야 할 대상들을 아주 당당하게 처리한다.

9) 단권화의 종합적 완벽한 완성

(1) 기본 의미

단권화는 수험생의 필수요소이다. 제대로의 단권화는 아래와 같은 성격을 가진다.

① 입체적 단권화: 책에만 머물지 말고 즉 글자와 글귀에만 머물지 않고 다른 여러 가지 입체적인 요소들이 관여하는 단권화.

② 동적 단권화: 정적 단권화에 머물지 않고 동적인 성격을 담기에 말들이나 잡변도 다 들어간다.

③ 포괄 내용적 단권화: 문헌, 문언에 적힌 내용뿐만 아니라. 잡담이나 좋은 이야기 등등이 다 시험에 특히 복기에 도움이 되는 한도라면 뭐든지 실어서 가는 단권화.

④ 모든 것을 다 담는 단권화(깔때기 단권화): 진정한 의미의 단권화는 방법적 단권화, 통합적 단권화이다. 그래서 뭐를 흘리지 않는 의미의 단권화이다. 모든 논의들의 합체의 의미를 가지는 단권화이다. 집약적 단권화 집결적 단권화, 통합 단권화이기도 하다.

⑤ 심리적 단권화: 물리적 뿐만 아니라 심리적인 단권화가 되어야 한다.

⑥ 기능적 단권화: 즉 단순한 문언적 의미의 형식적 의미의 단권화가 아니라 기능적 단권화가 되어야 한다. 스스로도 '야, 정말로 다 모이지고 있네.'하는 생각이 들어야 한다.

⑦ 암기를 위한 절박한 단권화: 우리 수험생들은 열심히 공부한다. 그리고 또 돌아서서는 까먹는다. 그게 공부의 본질이다. 그러기에 그런 불완전성을 감안해서의 최상의 무기로 이런 단권화를 시도한다. 그래서 단권화 하면서의 모든 요소들은 다 기억은 못해도, 가급적 단권화에 도움이 되는 요소들을 정리해서 묶어두고 시험장에서 또는 모의시험장에서 나오게 활용한다.

⑧ 감각(적)단권화: 모든 감각을 다 동원해서 단권화를 시킨다. 그래서 이미지도 같이 음성 소리도 같이 단권화 시킨다. 그래서 기억 복합체가 되어 버린다.

(2) 단권화를 가능케 하는 요소: 코드쉽

우리가 이렇게 정돈해서 만들어 놓은 시스템은 일종의 코드쉽이 된다. 그래서 그것은 랭귀지 내지는 랭귀지 틀처럼 여러 가지 음성정보, 문자정보들을 포괄한다. 그게 정보 통일화, 통합화를 진행시킨다.

10) 하나하나 그냥은 안 넘어가고 세밀히 보게 된다

(1) 기본 의미

그냥 읽다보면 '그래서 어쩌라고' 생각하면서 가는 학습자들이 많다. 그런 감정은 충분히 이해가 간다. 그것은 강의자로 평가해서 치환하면 정말로 그냥 떠들기만 하고 가는 강의자나, 듣고 나서 그래서 어쩌라고 하는 생각을 하게 하는 강의자와 유사한 부분이 있다. 세부적으로 이런 거 하나 하나를 놓치지 않는 게 강의자의 심정이다. 왜? 평가를 받기 때문이다.

(2) 학습할 때는 그냥 가도

특히 책을 이해위주로 볼 때는 그냥 '별 거 없네.'하고 넘어가는 사실도 암기 내지는 복기 또는 안출 위주로 강의식으로 보면, 그렇게 쉽게 넘어갈 수는 없다. 어떻게든 써내야 하기 때문이다. 이해 위주의 강의자가 강의할 때 '그냥 갑니다.'라는 식의 이야기를 하면서 넘어가지만 암기 위주, 안출을 위주로 하는 강의자는 그런 것도 그냥은 넘어갈 수가 없다. 뭐래도 해주고 가야 한다. 그래서 좀 더 뭐래도 처리를 하고, 안 되면 그래도 안타까운 마음 이래도 가지고 간다.

11) 선행학습, 초과학습의 의미를 가지고 간다

이럴 수 있다는 것은 선행학습 또는 초과학습의 의미를 가지고 간다. 즉 꼭 이렇게 강의학습까지 안 가도 되기는 하지만 그런 강도 높은 공부를 통해서 초과학습의 의미를 가지고 간다.

12) 2차 시험도 종합예술, 강의도 종합예술

2차는 종합예술적인 측면이 있어서 어려운 거다. 이것저것 너무 많은 것을 신경을 써야 한다. 그래서 어렵다. 정말로 말이다. 사실 어찌 보면 내용적으로는 그렇게 어렵지 않다고도 볼 수 있다. 마음먹으면 1차 객관식이 훨씬 더 어렵게 나오고 어렵게 풀어야 하기도 한다. 그런데 이 바로 종합예술적 성격 때문에 힘든 측면이 크다. 그런데 강의도 그렇다. 그러니 강의를 잘하는 것을 고민하는 것은 2차 시험을 잘 보기를 고민하는 것과 거의 모든 면에서 일치한다.

3. 강의식방법 도입의 전제

1) 문제의식적 전제

(1) 왜 강의식 공부에서도 뭔가의 실마리가 보이는가?

문제의식을 제일 잘 보여주는 게 강의다. 즉, 문제의식의 흐름이 강의다. 의식 또는 문제의식의 흐름에 따라서 풀이가 나오고 내용이 나온다. 그런 와중에 감동을 주기도 하는데, 지금 뭐 감동까지는 바라지도 않는다고 하지만, 그 감동요소가 공부를 쉽게 잘 하게 하는 지름길이 될 수도 있다. 감동이 존재하자 않는 영역에도 감동을 '리드 비트윈 더 라인'이나 '리걸마인드'로 보여줘서 나의 복기에 도움 받는다. 원래 감동은 초연결이나 반전에서 온다. 특히 감동이 있을 수 없는 부분에서도 리드 비트윈 더 라인과 리걸마인드 활용에서 오게 한다.

2차 논술의 이야기 전개 구조가 강의의 구조와 유사해서 말이다. 흐름이라는 것은 소설이나 연극에도 있지만 강의가 제일 유사하다. 마지막 강의가 진짜 시험이다. 열과 성을 다해서 준비하고 강의하는데, 여러 번 강의하다가 마지막 강의하러 가는데 그게 바로 실제 시험이라는 사고를 가지자. 지금의 공부 특히 2차 공부가 그런 사고를 가지고 있다. 매우 유사하다.

(2) 강의안을 다 외우고 그대로만 하는 게 강의가 아니다

실제 시험은 연습과 좀 다를 수 있다는 사고가 필요하다. 그래도 무방하고 그게 자연스럽다는 사고가 필요하다. 좋은 강의를 할 때 꼭 강의안을 정치하게 하는 게 중요한 것은 아니다. 그래도 강의구상은 답안을 써내는 것과 유사한 측면이 있어서 좋다. 그런 강의구상, 강의 사전 구상을 여기에 원리를 도입해서 써먹자는 것이다.

(3) 강의를 해서 사람들을 일깨워준다는 측면에서

무에서 유의 측면이 있다. 그래서 어떻다고? 그러니 억지로 외우지 않아도 강의식을 도입하면 문제의식을 잘 표출한다.

2) 구체적 제시

(1) 시험장에서는 복잡한 것은 생각나지 않는다

시험장에서는 복잡한 것은 생각나지 않는다는 접근이 기본이 되어야 한다. 즉 자신의 의도나 욕심과는 달리 시험장에서는 복잡한 것은 생각이 나지 않는다. 강의에서도 마찬가지이다. 책을 보고 줄줄 읽어주는 강의라면 모를까 강의를 하러 들어간 강사에게는 아주 복잡하고 많은 것을 구현한다는 것은 불가능에 가깝다.

(2) 아주 쉬운 내용은 바로 강의꺼리가 되지 않는다

아주 쉬운 자연적 인과관계적으로만 내용이 구성된 것은 시험꺼리 주관식 시험꺼리가 되지 않는다. 그럴 거면 누구나 다 백점이 나오지 않겠는가? 즉 내용이 1 다음은 2, 2 다음은 3 정도의 쉬운 내용, 자연적 인과관계로 나오는 내용이라면 시험꺼리가 되지 않는다. 물론 그래서 강의꺼리도 되지 않는다. 그래서 이게 완전히 자연적 인과관계로 나오는 것은 아니기에 다른 어떤 노력요소가 필요하다고 봐야 한다. 그 노력요소의 결론은? 책의 공간적 모습에 의존하는 것도 하나의 모습이 되기도 한다. 그러나 그러기에 강의를 염두에 두고 고민하고 생각해봐야 한다. 물론 그 답 중 하나는 법학 같은 경우는 리걸마인드를 염두에 두고 가는 것이다. 그리고 그런 식의 흐름에 입각하는 것이다. 그래서 머릿속에서 단초를 더 끄집고 만날 수 있는 요소를 활용한다. 좋은 답안을 위해서는 우리는 동원을 해야 한다. 총동원을 해야 한다. 읽는다고 동원이 아주 안 되는 것은 아니다. 그러나 우리는 완벽한 동원을 원한다. 그래서 준비가 필요하다.

4. 강의식방법의 도입의 기초

1) 강의화는 다소 애매하고 희미한 이야기이다

강의식을 도입하는 것에 대해서는 다들 좋게들 이야기 한다. 그런데 다들 막연하게 '강의'라고만 이야기 한다. 그런데 탐구의 여지가 많기에 좀 더 열심히 탐구를 해본다. 특히 우리 연구진의 입장에서는 강의에 대해서 폭넓게 연구를 했기에 의미가 있다. 연구를 하면 할수록 다기한 게 강의이듯이 이런 식의 시도와 노력에 대해서도 연구의 여지가 많다. 혹시 누가 '아, 그냥 책에 있는 거만 그대로 내어서 자리 깔듯이 하면 되잖아'라고 할 수 있는데, 그래도 그 자리 깔듯이 내는 것도 말처럼 쉽지 않고, 그 자리 깔듯이 내는 과정에서의 효율성, 그리고 그런 중간과정에서의 재미, 이런 것들이 다 숨어져 있다. 그래서 이 탐구가 의미가 있다.

2) 학습자 입장에서는 거기까지 고민하기가 힘들다

학습자들도 우리 연구진의 이야기를 들으면, 아마도 많이들 자신도 그런 고민들을 해봤다는 오버랩적인 술회는 할 것이다. 그래도 다들 학습자의 입장에서 접근했기에 거기까지도 고민하기가 힘들었을 것이다. 다만 이것을 표현이라는 관점으로 본다면 즉 '표현시험이다'라고 해서 보는 관점은 그래도 상당수의 사람들이 그렇게 했을 것이다. 그런 관점도 찾아서, 후벼 파서 해본다.

표현의 관점에서 강의적 관점과 학습적 관점이 서로 교차 중복하는 요소들이 있다. 때문에 강의식방법은 학습자의 입장에서도 의미가 있다.

3) 우리가 추구하는 강의에 대한 본질의 정확한 파악

일반적인 강의는 아니다. 우리의 강의준비는 전제가 있다. 우리의 강의 최종 목표는 책 안 보고 써내는, 다르게 보면 어떻게 쓰는가의 강의이다. 정리하면 책 안보고 하는 강의, 써내기 강의 또는 어떻게 쓰는가의 강의, 쾌양이 되는 강의가 우리의 강의다.

4) 기계화, 코드화, 표준화가 필요

강의식 공부의 방향 목표 주제로서 생각할 것은 그야말로 기계화, 코드화, 표준화이다. 즉 기계화, 표준화, 코드화를 시켜서 방향성을 제대로 잡는다. 그렇지 않으면 저 많은 양을 제대로 머리에 다 넣고 강의를 할 수가 없다. 그것은 요약화로도 집약이 된다.

5. 강사와 2차 주관식 시험에서의 바라볼 관점

1) 안출이라는 관점: 더 잘 안출되게 해주는 강사가 있다

강사도 더 나은 것을 가르치는가? 같은 문제가 있다. 즉 안출이라는 관점에서 더 잘 안출되게 해주는 강사가 있고 아닌 강사가 있다. 꼭 그것을 잘 가르치는 강사, 못 가르치는 강사 개념으로 볼 것은 아니지만 말이다.

2) 강의식으로 한다고 하면 늘 2차는 어떤 시사점을 준다

만약에 누가 공부를 강의식으로 해서 한다고 공언을 하면 '내용을 모르는데

무슨 강의식을 해?'라는 원초적 질문을 맞닥뜨리게 되고, 그렇게 되면 내용을 더 알차게 의욕 있게 공부하게 된다. 즉 그렇게 강의식 공부를 하기 위해서 내용을 열심히 닦아두는 부분이 있기는 하지라는 식의 개념으로 하면 출발에서부터 많은 시사점을 가지고 가게 된다. 그리고 내용을 다 이해는 못해도, 앵무새처럼 외워서 내도 합격은 하니 한 번 덤벼보자는 것이 하나의 방법이라는 생각도 하게 된다. 이렇게 늘 강의식은 주관식 2차에서 시사점을 준다.

3) 스크린에 대해서 강사들이라면

앞에서도 언급했지만 스크린의 필요성은 강사입장을 생각해보면 아주 당연하다. 해당 분야를 가르치는 강사들에게 우리가 입장을 대입해보면 처음에 초짜 강사일 때는 당연히 교재를 봐가면서 할 것이다. 그러다가 경력이 쌓이면 말 그대로 안 보고도 강의할 것이다. 그런 점을 본다면 자연적 스크린 시도는 당연히 필요한 것이다.

4) 수험생은 책을 교조주의적으로 보지만 강사는 창조적으로 본다

수험생은 책을 볼 때 교조주의적으로 보지만, 강사는 창조적으로 본다. 그래서 수험생은 도그마처럼 거기에 토씨하나라도 문제 생기면 안 된다고 보지만 강사는 그렇게 안 본다. 교조주의적으로 본다는 것은 너무 그것의 내용에 절대성을 부여해서, 말 그대로 토씨 하나 빠지면 안 된다는 식의 아주 틀에 박힌 태도로 접근을 한다. 그렇지 않은 데 말이다. 그래서 강의식 공부로의 전환은 좀 더 공부의 내용과 접근에 자신감을 가지라는 의미도 포함한다.

6. 일반 강사하고 다른 점을 염두에 두고 보자

일반 강사는 적혀있는 것을 잘 이해시켜주는 강사라면 우리가 되고자 하는 강사는 결국 책 대로의 답을 제시하는 강사이다. 일반 강사는 적혀있는 것을 잘 이해시켜주는 강사라면, 이 강사는 결국 책 대로의 답을 제시하는 강사이다. 물론 이러면서 점점 제시를 하는 부분들이 있다.

7. 생각 또는 상정 가능한 반론에 대한 반격 또는 디펜스

1) 들어가기

생각 또는 상정 가능한 반론을 소개하고 그에 대한 반격 또는 디펜스를 제시한다. 그래야만 스스로가 설정해 놓은 강의식 공부에 대해서 강한 확신이 들면서 공부가 용이해지기 때문이다.

2) 결국은 다 교과서에 적힌 내용이니 본전 아닌가라는 생각적 반론

'이런 내용을 이렇게 처리해서 써라' '이런 내용을 써라' 이러면 다시 혹 원점은 아닌가 생각이 든다고 말한다. 이 반론에서는 말이다. 어떤 의미에서 원점? 즉 그들은 '그런 내용들은 저기 책에도 써 있잖아'라고 말한다. 그러나 거기에 대해서는 반론을 하자면 '거기는 써 있기만 할뿐 어떻게 하라는 지침이나 속 내용은 없다.' '강의는 역시 그것을 읽어주는 것만이 아니라 속 내용을 알려준다.'고 말할 수 있다.

8. 남의 책으로 강의하는 초짜강사, 자기 책으로 강의하는 강사

처음에 남의 책을 갖고 강의하는 초짜강사와 결국 나중에는 자기 책을 가지고 강의하는 강사의 비유는 우리의 2차 시험과 강의 관련하여 아주 적절한 시사점을 준다. 일단 남의 책을 가지고 강의하는 강사는 자기가 만든 책이 아니고, 그 구성에 대해서 자기가 쓴 게 아니라서 수강생들에게 그 속뜻을 알려주기 위한 노력을 하는 게 중요하고 그런 것을 잘 풀어주면 명강사라는 이야기를 듣는다. 그러다가 이제 자기가 그런 속뜻이 익숙해지면 그 다음으로는 자기 책을 쓰기 시작한다. 자기 책을 쓸 때는 백지에서부터 쓸 것이다. 물론 기존의 책들은 참고해서 쓰지만 말이다. 그래서 속뜻이 중요하다.

9. 강의식 공부가 잘되면 책 읽기가 원활해야 한다

1) 기본 의미

강의식 공부가 잘되면 책 읽기가 원활해야 한다. 이렇게 되어서 공부의 로직이 원활히 되면 이제는 책을 쉽게 빨리 남게 읽는 게 중요하니까 말이다.

2) 장애를 극복해야 한다

그러려면 읽기의 장애를 극복해야 한다. 그리고 각 방향별로 가야 한다. 어떤 방향? 즉 미시적 방향과 거시적 방향이 다 원활히 되게 책 읽기가 되어야 한다.

10. 열심히 읽다보면 뭐가 되겠지 하는 마인드는 곤란하다

여러 학습자들이 이런 부분을 읽다보면 '나의 오랜 숙원의 숙제 해결'이라고 생각할 수 있다. 결론적으로 말해서 '좌우지간 이러다가 뭐가 되겠지' 하고 무의미하게 책을 읽는 것은 절대로 하지 않아야 한다. 과거에 무의미하게 2차 학원 다니면서 프린트 받듯이 말이다. 너무 시간낭비였다고 생각들 한다면 필자가 인도하는 대로 해보자.

11. 파트별, 부분별 차별화를 염두에 둔다

1) 기본 의미

강의를 하면서 해당의 부분 부분마다의 차별성을 두지 않는 사람은 없을 거다. 그런 식으로 해당 소강의 부분 해당 논점 부분을 차별적으로 접근한다. 예를 들어서 중요도에 따라서 말이다. 다시금 말하지만 그것은 필수다. 강의 때 그런 거 염두에 안두고 강의하는 사람 없듯이 말이다.

2) 크게 신경을 쓰는 것과 적게 신경을 쓰는 것

이런 구분도 하나의 구분이 된다. 크게 신경을 쓰는 것과 적게 신경을 쓰는 것, 이렇게 말이다. 그래서 그것이 일종의 렌즈와 같은 배율조절이기도 하다. 크게 신경을 써서 아주 세부적으로 강의하는 것이 있고 다소 듬성듬성 강의하는 곳이 있다. 한 페이지짜리 강의를 크게 놓고는 크게 보는 강의를 하게 되고 반대로 미시적인 것은 미시적으로 놓고 보는 강의를 하게 된다.

12. 여러 번 강의하고 시험 날 그 강의를 파하는 구조로 생각하자

2차 시험은 논술식이다. 그리고 그것을 한편의 강의로 생각해서 준비하고 시험보자는 게 필자의 제시이다. 그러니 공부도 강의이고 시험보고 오는 것도 강의이다. 만약에 학원 등에서 모의고사를 본다면 역시 그날도 강의를 하고 온 거다라고 생각하면 쉽다. '그렇지요. 시험을 준비하니까 분절적으로 총 8개 과목 총 800개의 큰 섹터는 늘 가지고 있지요. 물론 시험날 지나가고 나면 싹 잊지만요.'하는 식으로 생각하면 좀 더 이해가 빠르다.

13. 강사도 오래 강의하다보면 책을 외우게 된다

1) 기본 의미

강사를 해보지 않은 독자들이라도 동감을 하겠지만 강사를 오래하다 보면 그것도 효율적으로 하다보면 책을 외우게 된다. 바로 그런 점을 여러분들에게 입히고 벤치마킹하는 것이다. 그래서 유머도 담기고, 비유도 담기고, 강의를 하는 마인드가 염두에 둬지면서 책을 외워가게 되는 것이다.

2) 공부 오지랖

그렇게 유머까지도 담아서 공부해야 하기에 적어도 공부에 관한한 특히 2차 공부에 관한한 공부 오지랖을 부려야 한다. 그런 사람이 되어야 한다. 즉 오지랖이란 되는 거 안 되는 거 다 참견하는 것 아닌가? 그렇게 되는 거, 안 되는 거 다 넣어서 뭐래도 해보도록 한다.

14. 강의마인드를 가지고 책을 보면 달라진다

1) 기본 의미

2차 시험을 강의 마인드를 가지고 책을 보게 되면 수험자적으로 보는 것과는 달라진다. 수험생으로 수험자 입장에서 보면 책은 수동적으로 보이는데 강의자의 입장으로 보면 적극적, 능동적으로 보인다. 즉 억지로 외워야 하는 대상으로서의 책이 아니라, 자연스럽게 나의 생활 나의 몸으로 들어오는 게 책이 된다.

2) 일절유심조

이런 원리는 원효대사가 말했다고 하는 일절유심조이다. 사물은 하나인데 나의 마음에 따라서 달라진다.

15. 이렇게 해서 머리가 정리되면 아주 효율적으로 지식이 쌓인다

1) 기본 의미

이렇게 해서 머리가 정리되면 아주 효율적으로 지식이 쌓이게 된다. 즉 필자가 말하는 식으로 공부를 위한 머리가 정리가 되어서 플랫폼적으로 형성이 되면 지식은 잘 입력되는 대로 정리가 된다. 그래서 이제부터는 두뇌스트레스 없이 편히 내용을 머리에 수북하게 차곡차곡 넣게 된다. 그것은 아주 매력적이고 신나는 일이다.

2) 스마트폰의 엉킴 현상

스마트폰도 하나의 컴퓨터이기 때문에 많은 소프트웨어를 사용한다. 그러다 보니 스마트폰을 오래 사용하면 엉킴 현상이 생기는 것은 바로 프로그램소프트웨어 사이의 충돌 때문이고, 이 때문에 속도로 느려진다. 공부도 그렇다. 열심히 해도 효율이 안 나는 것은 일종의 엉킴 현상 때문이다. 그것을 치유하면 공부의 능률이 올라가고 효율이 올라간다.

3) 공부의 누적

이렇게 되면 2차 공부에 있어서 책을 봄에 대해서 거침이 없고, 책이 확실한 누적의 느낌이 들고, 누수가 없이 누적이 된다.

16. 강의식 공부 관점에서 보는 '목차를 외워' 방식

일반인들은 주로 주관식 시험을 볼 때 '목차를 외워'라고들 많이 한다. 그래서 강의식 공부가 완성이 된다고 보면 그런 '목차를 외워'의 의미를 좀 더 확실하게 내 것으로 해서 갈 필요가 있다. 그런 전통적 방법은 그 나름의 무엇을 늘 가지고 있으니 말이다. 기본적으로 강의를 진행하려고 해도 책을 하나의 도로처럼, 그림처럼 외우고 가야 한다. 그런 것에서 제목 위주로 보는 게 바로 사람들이 말하는 '목차를 외워'이다. 아마도 '목차를 외워'라는 말에는 책을 스크린을 하면서 목차를 외우는 것에 대해서 생각과 염두가 들어있는 것이다. 그리고 그 중에서도 아주 우수한 사람들은 거기서 뭔가를 더 확장시켜서 자기 것으로 만들 것이다.

그래서 필자가 무엇을 복기를 할 때 '그것을 염두에 둬' 라고 하는 것은 어쩌면 저들에게는 목차를 염두에 둔다고 하는 것으로 볼 수도 있다. '목차를 외워' 하는 문제의식을 필자의 방식대로면 질문의 형태로 담아서 가는 것으로 볼 수 있다. 그래서 그것을 내 것으로 확실히 승화시켜야 한다.

17. 시험을 보는 동안은 사고의 고정화를 시켜두는 것이다

그 시험을 보는 동안만은 그 길 또는 그 적어주는 것 또 그 의식의 흐름은 당연한 것이다. 그래서 그게 어찌 보면 신문을 보는 원리와 비슷하다.

18. 미시적인 흐름 전진, 거시적인 흐름 전진

1) 기본 의미

강의도 이 과정 전체에서 뭘 가르칠까를 염두에 두고 크게 접근하는 부분과 오늘은 무엇을 가르칠까하는 부분적 접근, 그리고 아주 좁게 지금 실시간으로 가르치고 있는 이 부분은 뭐를 가르칠까하는 내용이 있다.

그것을 의식의 흐름으로 생각해서 보면 '의식의 흐름 쇼가 시작 되었습니다'로 표현될 수 있다. 쇼는 시작이 있고 끝이 있다. 그래서 끝만 잘 완수를 하면 되는 거다. 그러니 결국 2차는 1차와는 조금 다르게 몇 개의 방향으로 나눠진다고 생각하는 게 좋다. 먼저는 해당 큰 제목에서 전체적 흐름이 나눠지는 방향과 또 하나는 작은 제목이 나오면 미시적으로 답하는 방향이다. 그 미시는 법학으로 치면 판례/사례의 결론이 될 수 있다.

2) 다차원적 멀티적 문제

그래서 어쨌건 분명히 2차는 다차원적인 문제임은 분명하다. 내용 본질이 어려운 문제가 아니라 말이다. 그러니 멀티의 문제이고 그게 해결이 되면 아주 자연스럽게 누적이 된다.

3) 호흡과 두뇌능력 문제도 감안

인간의 생체적 능력인 호흡능력과 두뇌능력을 감안하면 인간이 한꺼번에 할 것과 못할 것을 가지고 있다. 그것을 감안해서 조율하고 조정한다.

19. 강의식 공부는 책 한권을 다 외우는 부하를 줄여주기 위한 것

강의식 공부는 각 페이지마다, 각 큰 문제마다 어떤 지도로, 어떤 모습으로 나타나는가의 문제이다. 그 각 페이지를 시각으로 외운다는 것은 말이 안 되기도 하고 너무 뇌에 부하가 많이 걸리는 문제이기에 문제의식이 필요하다. 그래서 덧붙여서 질문이 필요하다. 논리가 필요하다. 리걸이 필요하다.

20. READER에서 LEADER로

강의식을 하게 되면 결국에는 READER에서 LEADER로 되는 거다. 수동적을 읽던(read) 사람이 앞서 나가서(lead) 진도를 뽑아내는 사람이 된다. 그런 갑자기 READER에서 LEADER가 되는 게 부담스러울 수도 있다. 그러나 필자가 하라는 대로만 하면 반드시 좋은 결과가 나온다.

21. 강의에서의 요약이 의미가 있다

1) 기본 의미

왠지 강의식이 2차 공부에 맞다고 생각하면서도 바로 차용을 해서 공부에 써먹지 못하는 이유는 바로 강의는 말이 장황하고 긴데, 책은 어떤 모습이던 축약적이라고 생각해서 그렇다. 그러기에 합리적 요약은 의미가 크다.

2) 장황한 강의는 짜증

실생활에서 봐도, 강의를 들을 때도 강의가 장황한 사람은 들으면서 짜증이 난다. 그러니 요약은 일반 강의에서도 아주 중요한 생명이다.

22. 남는 독해가 제일 중요하다

1) 기본 의미

결국에는 2차도 기억의 승부가 관건이다. 그러기에 남는 독해가 제일 중요하다. 남았다는 이야기는 기억이 되었다는 이야기이고 그래서 남는 것이다.

2) 편한 독해도 결국 남는 독해이다

그러기에 2차에서 책을 읽는 목표 중의 하나인 편한 독해도 결국에는 남는 독해가 되어야한다. 즉 남는 독해가 되면 그게 편한 독해가 된다.

23. 강의의 앞부분인지 뒷부분인지를 염두에 두고 읽는다

강의판에서 활동한다고 생각하고 책을 읽어야 한다. 그 자세한 세부적 의미는 강의의 앞부분인지 뒷부분인지를 염두에 두고 읽는다는 의미를 가진다.

24. 메모가 과감하게 책에 쓱쓱 써진다면 아주 훌륭한 거다

책에 자신의 메모를 적어나가는 것은 어쩌면 대단한 결심이 다소 필요하다고 볼 수 있다. 특히 새로 사서 아주 새하얀 상태의 책에 말이다. 그런 곳에 메모가 쓱쓱 써지는 것은 자신감의 표현이고 그런 자신감이 생기면 공부는 생기가 넘친다. 그래서 그런 강의식 공부와 관련된 메모가 과감하게 책에 쓱쓱 써진다면 아주 훌륭한 거다.

계리모형론 과 재무관리 및 금융공학 공부 팁
: 언어를 수학부호 기호로 처리한 것이라는 대범한 의식이 필요하다

한국인이 언어가 다른 나라에 유학을 가서 가장 고충을 덜 겪는 분야가 수학 관련 분야라고 한다. 아무래도 쓰는 것들이 수학적 부호를 많이 쓰기 때문이다. 그러니 우리가 논술식에서 쓰는 언어를 좀 더 축약화한 게 수학부호이다. 그러니 글자나 문자로 된 논술 시험이나 수학적으로 풀어내는 시험이 아주 본질에서는 유사하다는 대담한 사고의 적용이 필요하다.

VI. 강의식 공부 세부적인 테크닉

1. 들어가기

앞서 말한 것이 2차 시험의 완벽한 주비를 위한 좀 더 큰 당위성으로서의 강의식 공부라면 이제 봐야 할 것은 세부적이 테크닉으로서의 2차 시험공부이다. 그에 대해서 자세히 보도록 한다.

2. 본격적 강의식 공부를 하기 전에는 이해가 선행이 되어야 한다

 1) 기본 의미

강의식 공부에 대한 관념이 확실히 잡히면 그때부터는 공부를 그렇게 제대로 시작을 한다. 그러면 드는 생각이 '이제는 오히려 이해만 많이 되면 묶는 것은 껌인가?' 하는 생각이다.

 2) 이해와 처리의 중간단계의 존재

그런데 그런 이해와 묶기 또는 강의식 공부의 처리를 위한 사이의 중간 단계가 있어 보인다. 그것은 형체 형성의 단계라고 정의내릴 수 있다. 굳이 이름 정의를 내리면 말이다. 즉 말은 형체 형성이라고 하는데 좀 내용이 잡히고 이해가 되어서 뭔가의 믹스 매치가 가능한 단계이다.

 3) 공부는 계단식, 단계식 구조

(1) 기본 의미

공부라는 것을 계단식, 단계식 구조라고 칭할 때에 아니라고 하는 학습자는 아마도 없을 것이다. 그런데 필자가 말하는 계단식 구조를 이해하고 가면 더욱더 거기에 동감을 하게 된다.

(2) 프린트 된 책의 상황이 전부는 아니다

학습자들이 저지르는 가장 큰 실수 내지는 착시는 프린트되어진 책의 글자에만 천착한다는 사실이다. 책에 프린트 된 글자가 전부는 아니다. 물론 그런 착각, 착시를 하는 이유를 필자는 너무도 잘 안다. 시험에서 써내는 글이 그 이상이 없기 때문이다. 즉 교과서나 좋은 텍스트를 잘 정리해서 제시를 하면 그 이상의 것은 없다. 그래서 책에 적힌 글자들을 기준으로 생각하게 된다. 그러나 학습해야 하는 대상, 학습해야 하는 양은 그 이상이 되게 된다.

(3) 자연스런 단계적 접근

그러니 책을 처음 사서 완전히 백지 상태의 책을 가장 바닥으로 생각한다면 그 이상으로 가면서 자기 것이 되는 정도가 깊어진다. 그런 백지에서 위 아래 여백에 적는 이해를 위한 의문식 메모가 한 페이지에 하나씩 붙어가면서 점점 자기 것으로의 책이 변하는 과정이 실현이 되어가고 있는 거다.

그래서 한 페이지에 하나 정도의 학습 의문 메모가 있는 상태는 뭐라고 정의 내려지는가? 라고 자문자답한다면 '백지보다는 나은 상태' '완벽한 내 것을 하기 위한 중간 상태'라고 봐야 한다.

3. 처음 읽는 부분과 좀 익숙한 부분을 나누는 것은 의미가 크다

처음 읽는 부분과 좀 익숙한 부분을 나누는 것은 의미가 크다. 압축/압착이 중요하다면 처음 읽는 부분은 그렇게 그 해당부분을 잘 압축/압착했는가가 의미가 있다. 그렇지 않고 다른 부분은 즉 이미 봤던 부분은 확인적 의미가 중요하다. 당연히 처음 읽는 부분은 처리가 필요하기 때문에 말이다.

4. 연결되어서 찰지게 차례를 외워야 할 곳의 암기

1) 들어가기

어쨌건 2차를 이렇게 암기를 또는 강의식 암기공부를 하면서의 지금 맞닥뜨린 문제는 좀 더 찰지게 내용을 내 것으로 만드는 문제이다. 이것을 하지 못하면 책을 읽어도 다소 돌 씹는 기분으로 읽게 된다. 그것의 반대말은 '액티브하게' '재미있게' 이므로 우리가 질문위주로 하자고 하는 것은 바로 돌 씹는 게 아니라 액티브하고 찰지게 하게 하기 위함이다.

2) 찰지게 연결이 안 됨은 무엇을 의미하는가?

필자가 여러분들에게 제시하는 세련된 방식이 아닌 고전적이고 낙후되게 할 때의 모습은 아래와 같을 것이다.

(1) 활동결과적으로

활동결과적으로는 활등(읽기 등)을 해도 잔존이 없는 기분이다.

(2) 활동수고적으로도

뭔가를 굉장히 수고롭게 가지고 가야 하는 기분이다. 즉 다른 말로 하면 '지고 안고 가야 하는 기분'이다.

(3) 질문과 강의식 공부를 하면

그러나 반대로 질문을 하면 일단 편하게 던지고 나서 좀 바라보자는 식의 구도가 된다.

5. 뭐 다음에 뭐가 올지 흐름으로 파악한다

1) 흐름 방식

우리는 바로 뭐 다음에 뭐가 올지에 대해서 고민하는 게 아니라 흐름으로 본다. 즉 강의식을 통한 리걸마인드나 시스템마인드를 통해서 자연스럽게 순서가 나오게 한다. 아주 직접적 방식이 아니라 간접적 흐름적 방식이다.

2) 직접적 연결 관계로 집중 해결

직접적 연결 관계로 집중 해결이 되게 하는 것도 방식이다. 그 두 개의 이야기 사이를 이어주는 이야기를 만들어서, 그 이야기는 실제 시험에서 까먹더라도, 두 개가 이어짐은 기억이 나게 한다. 그런 원리는 객관식에서 두 개를 이어주는 원리와 비슷하다. 길을 만들고 길이 계속적 보강으로 해서 덧대게 한다.

6. 거기가 앞쯤이야? 뒤쯤이야? 하는 사고도 무시할 수 없다

전체적 강의 마인드에서 '거기가 앞쯤이야? 뒤쯤이야?' 하는 사고도 무시할 수 없다. 특히 제도와 제도의 결합과 충돌이라는 사고에서 보면 말이다. 그런 앞에서 뒤로 넘어가는 중간점은 무엇인가? 그런 사고도 중요하다. 이런 앞의 부분에 대한 사고, 뒤의 부분에 대한 사고는 공간적 사고 또는 좀 더 나아가서 의식공간적 사고라고 봐야 한다.

7. 모자이크 사고가 지배

꾸려나간다는 식으로 보면 일필휘지가 아니라 모자이크 사고가 지배한다고 봐야 한다. 슈퍼마리오 사고이기도 하다. 여정을 꾸려가다 보면 누구를 만나고, 난관도 만나고, 그에 대해서 헤쳐 나가고 답하는 식이다.

8. 타겟화 퀴즈화

1) 기본 의미

다시금 필자가 여러분들에게 제시하는 2차의 모범적 방법론은 정리해보면 타겟화, 퀴즈화로 대별된다. 즉 기본적으로 이 생각은 뭔가의 사실에 대해서 명확하게 타겟화를 해서 외우고 그렇게 외워졌는지를 스스로 평가해서 답을 써내는 능력을 극대화하자는 것이다.

2) 어디 어디에서 타겟화 퀴즈화가 보이는가?

(1) 내용을 핵심으로 정리해야 한다

덩어리 내용이 있어도 그것은 가급적 한 단어 내지는 두 단어를 중심으로 한 핵심으로 정리한다. 일반사람들이 두문자를 쓰는 것과 비슷한 맥락이다. 그래서 그렇게 핵심으로 응축되는지가 그 부분이 내게 지금 정리가 되었는지 아닌지의 기준이 된다. 거듭 말하지만 대충보고선 '아, 알겠다.' '뭐, 이렇게 보다보면 외워지겠지'의 사고로는 망할 수 있다. 반드시 요약화, 응축화를 시켜야 한다. 그래야 쓰다보면 더 내용이 풀어져서 나온다.

(2) 내용과 내용사이의 연결도 핵심화를 시도해야 한다

내용과 내용사이의 연결도 그냥 '대략 이럴 것이다'가 아니라 그 연결고리가 아주 중요한 부분에 대해서는 역시 요약화된 모습으로 나와야 한다. 그래서 맞췄는가, 못 맞췄는가? 의 퀴즈식으로라도 진행이 되어야 한다. 강의를 할 때도 그런 관점이다. 아주 중요한 연결고리는 뭐래도 조치를 해서 잘 그 뒤에 그게 나오는 식으로 하게 되어야 한다.

9. 목차의 책에 나온 제목도 변형이 가능하다

1) 기본 의미

책 목차에 나온 제목은 그저 책에 나왔을 뿐이다. 상황에 따라, 나의 암기의 편의대로의 다소 변형도 가능하다. 그야말로 주관식 시험이기 때문이다.

2) 예시

목차나 제목 그리고 화두에 대해서는 책에는 AA라고 적혀 있어도 내게는 AB 라고 써진 것으로 봐도 된다. 그런 변형을 통해서 나의 암기와 나의 적기에 도움이 된다면 뭘 해도 좋다. 그야 말로 주관식이니 말이다.

10. '이 부분에서는 이런 유머를 써야지' 원리

1) 기본 의미

유능한 강사는 강의시간에 사람들을 많이 웃긴다. 그래도 역으로 생각해보면 그 강사의 강의록에는 분명히 '이 부분은 이런 유머를 해서 사람들을 웃기고 그 유머의 교훈에서 나의 강의사항을 녹여서 설명을 하겠다.' 그런 식의 제시가 염두에 둬져 있을 것이다. 바로 그런 원리를 활용해서 간다.

2) 유머가 강의식 의 2차식 공부에 녹아나는 이유

다음이 겸비가 되면 유머는 강의식으로 하는 2차식 공부에 자연스럽게 녹아난다.

(1) 붙일 실력이 겸비

그것을 붙일 실력이 안 되어서 그랬지 그것을 책의 내용과 연결시킬 실력이 되면 가능하다.

(2) 외부에 공표해서 끄덕거릴 완전성을 가졌다

그냥 자신이 그림을 하나 붙였다면, 그저 붙인 그림 같은 것은 아주 내부적이고 내재적인데 이것은 그렇지 않다.

(3) 도드라진 인상도 강하다

유머가 가지는 위상이나 위치 기능으로 인해 도드라진 인상도 아주 강하다.

3) 유머 말고 명언/명구도 가능하다

유머가 그런 암기 끌어오는 기능을 하는 것은 그 자체의 아이덴티티가 아주 확실하기 때문이다. 그렇기에 비슷한 성질을 가지는 것은 끌어오기가 쉽다. 그런 게 또 뭐가 있을까? 바로 명언, 명구, 속담 등이 그렇다. 강의를 생각해보면 수업 중에 강사나 선생은 가르침의 중간에 관련이 다소 되는 명구나 그런 좋은 말을 이야기 해준다. 그렇게도 가능하다.

11. '그냥 그렇겠지' 하지 말고 뭐를 덧대라

학습자의 입장에서, 특히 객관식에서는 그런데, 뭔가의 해설을 보고 나면 아주 화끈하게 암기할 정도는 아니면서 그래도 수시로 틀리는 사항들이 있다. 그게 화끈한 대상이 아니기에 그냥 늘 '그렇겠지' 하고 넘어갔을 테지만 그러지 말고 뭔가를 덧대라. 즉 1차 때 했던 식으로 '그렇겠지' 하지 말고 뭐를 더 덧대는 원리, 그것을 여기에 도입하자.

12. 가급적 요건적 사고, 필요적 사고를 갖고 임하라

1) 기본 의미

특히 멘탈적으로 필요적 사고, 요건적 사고로 보면 공부의 해결이 더 쉽다. 그래서 효과는 요건의 필수 수반적 사고로 본다. 즉 질문에 대한 답 비슷하게 '요건으로는 뭐가 필요해?' 라고 접근을 하면서 말이다. 그것은 구성적 사고이고, 답을 내고, 답을 제시하는 사고이다. 질문에 대한 답도 거의 필요적 사고에 대한 답으로 작용된다. 그게 답의 본질이 되기 때문이다. 극장이라면 요건을 쌓아나가면서 클라이막스로 치닫게 하고, 질문에 대해서는 뭐가 필요해? 라는 식의 자연사고 필요하다.

필요적 사고가 아닌 질문에 대한 답도 있는가? 물론 있다. 이런 것도 필요하다. 결국 답안이라는 요소로 보면 다 필요한 것이기 때문이다. 그렇게 치면 필요적 사고와 요건적 사고는 같은 말인가? 그렇다. 또한 '이 이야기를 끝내려면 이것이 필요해' 또는 '이것에 대한 언급이 필요해'라는 식으로 접근하자. '그래야 완전체가 돼'라고 접근하자.

2) 눈을 감아라

눈을 감고 머릿속사고를 할 때에 막히지 않고 쭉쭉 가는 게 좋은 거다. 그렇게 가게 훈련을 한다. 중간에 장애물은 항상 등장한다. 그런 사고와 질문 사이의 관계도 알아야 한다. 눈을 감고 생각하면 사고로(언어로)가기도 하고, 그림(책 이미지)으로 가기도 한다. 책 이미지가 문제의식(생각함)을 돕고 그런 문제의식이 이미지를 도와가면서 답을 완성한다. 그렇게 보면 확실히 미시적 완성, 거시적 완성이 다르다.

13. 책에 있는 것은 요약하고 필요한 것은 안 보이던 것도 만들라

강의식으로 공부가 잘 완성이 되어서 잘 머릿속에서 나오기 위해서는 이미 있는, 존재하는 책의 것은 요약을 하고, 필요한 것은 안 보이던 것도 만들라는 식의 사고가 필요하다.

14. 정병렬 원리

정병렬 교수는 과거에 수험가의 경제학을 주름잡던 분이다. 학생들은 물론, 같은 강사들 사이에서도 신망이 높은 분이다. 그분은 책을 만들 때 가급적 페이지별로 해서 책을 구성했다고 한다. 즉 책의 내용이 잘려지지 않게 말이다. 그게 바로 하나의 페이지별로 강의단위를 구성하려는 고수의 모습이 된다.

15. 답안을 작성하면서 나오는 다소 공통적 질문은 흐름에 녹여라

답안을 작성하면서 의식적이든 무의식적이든 나오는 질문들이 있다. 예를 들어서 '제일 앞에 나오는 질문은? 논점은?' '제일 뒤에 나오는 질문은? 논점은?' 같은 것들이다. 이런 것들 즉 다소 공통적인 질문들은 흐름 속에 녹여라. 즉 당신이 강사이고 강의를 한다면 그 강의록을 만들 때 다소 강의 앞부분에서 이야기를 할 것, 마무리 하면서 할 것, 이런 식의 것들로 생각해서 구성하라.

16. 실력이 쌓이면 내용적 독립성과 생동감이 생긴다

공부에 대한 실력이 쌓이고 공부 내용이 풍부해질수록 내용적 독립성과 생동감이 생긴다. 그러니 독립성이 없는 페이지, 밋밋한 페이지는 그게 어떤 의미로든 중요하다고 생각이 들면 독립성을 부여하도록 한다. 거기에 무엇을 붙이고 생동감을 부여하게 하자는 것이다. 그게 실력이고 그렇게 하면 더욱더 그 페이지가 잘 기억이 난다. 즉 독립성이 없다면 만들어 내고, 생동감이 없다면 역시 만들어 내라.

17. 자기 스타일의 강의로 판을 이끌어라

1) 기본 의미

강의식으로 공부하라는 것의 시사점은 강사의 스타일과 캐릭터에 따라서 강의가 각각 다를 수 있다는 점이다. 그러니 같은 교재로 공부를 한다고 해도 강사의 스타일에 따라서 접근법과 표현법이 다르다. 그런 점을 십분 활용해서 공부에 활용하라.

2) 책에 자신의 인생 자신의 캐릭터가 입혀져 가는 것이다

각각마다의 특색이 강의와 또 더 나아가서 책에 담기기에, 책에 자신의 인생 자신의 캐릭터가 입혀져 가는 것이다. 그래서 자신의 이해관계가 같이 입혀져서 간다.

18. 공부 중에 나타나는 행동과 상태 정리

필자가 제시하는 2차 시험은 강의식을 기본으로 하면서 운전에 가깝다. 개념으로 보면 다음의 표와 같이 정리가 된다.

구분		'강의 + 운전'의 모습	과거에는 어땠는데
책 읽을 때 모습	책 보는 관점	· 지도 또는 운행 중 모습으로 본다 · 강의준비록으로 본다 · 강의준비하듯 큰 구성, 다음 구성 염두에 두고 본다	· 봐도 입력 안 되는 골치 아픈 존재 · 특히 쉬운 게 더 곤란한 존재가 됨
	읽은 후 뒤 처리	· 압착이 안 된 것은 압착 요소를 체크 · 필요하면 적어도 두기 · 미진한 부분은 목표개념이 확실하기 때문에 다음으로 넘길 수 있다	
	무엇이 쌓일까	· 말을 할 수 있는 능력 · 강의 할 수 있는 능력 · 효율적 잔존감	· 뭐가 없으니 쌓이는 것의 파악이 힘들다
공부 전체적	전체를 보는 입장	· 새로운 강의, 새로운 길을 나서는 셈 · 그래도 그간 했던 게 있으면 아주 새것은 아님	· 이런 파악이 안 되니 이런 관념도 약하고, 생각해봐도 데면데면하다
난관별	뻔한 것의 처리	· 그 파일 전체의 분위기를 감안해서 앞뒤 어디 정도인지를 파악케 한다 · 아주 인위적 질문이나 기타는 덜 한다 · 대략적 스크린을 만난다	· 공통 질문을 만들려고 애를 많이 썼다
	나열적인 것의 처리	· 흐름 안에서 외우고 정리	· 별 생각 없이 이것저것 마구한다

19. 요약에 대해 고민 하다보면 출제자의 생각에 닿는다

요약의 중요성이 강의식 공부에서 강조가 되는데, 그런 요약에 대해 고민을 많이 하다보면 결국 출제자, 채점자의 생각과 일치하게 된다. 즉 정답에 수렴하게 된다는 의미이다. 그런 압축노력을 하다보면 말이다.

보험수리론 연금수리론의 공부 팁
: 수학적인 과목일수록 자기 틀이 필요하다

1. 자기 틀

자기 틀도 하나의 같은 의미가 된다. 물론 그 틀이라는 말은 워낙 광범위하니까 어디까지 해두는가가 문제의 관건이 된다.

2. 목차

수학은 틀을 가지고 있는 게 중요하다. 그런데 그 틀이 좀 더 구체화되어서 구현되는 것이 바로 목차이다. 그래서 목차를 갖고 있는 게 중요하다. 이런 식의 자기 책, 자기노트를 만들어 보는 것도 필요하다.

VII. 강의식 공부 비밀병기 [1]
3단 평가

1. 들어가기

   1) 기본 의미

책을 볼 때만 아는 게 아니라 자연논리나 리걸마인드에 의해서 책을 덮어도 나오는 삼단논평이 되게 하자. 그게 '3단 평가' 또는 줄여서 '3평'이다. 쉽게 말해서 유능한 선생님이 강단에 서서 '여러분들 이게 나오면 무조건 세 개만 알면 됩니다.'라고 말하는 그게 바로 3평이다. 그러면 어떤 게 바로 나오게 하는 자연논리인가? '논리적 법리적으로 이런 제목이 깔리면 이렇게 된다.' 같은 것들이다. 그래서 다소 랜덤성도 가지고 있다. 본질적으로 3단 논평은 일정부분의 논점을 그냥 3으로 쪼개서 제시하는 것과는 질적으로 차이가 있다.

   2) 우수한 강사들의 기선제압

우수한 강사라면 처음부터 기선제압을 한다. 주관식을 가르친다면 '바로 이런 게 시험이 나오면 어디 어디가 중요하니까 그것을 잘 봐야 한다.'는 식이 기선제압이 되는 사람이 우수한 강사가 될 것이다.

   3) 어느 정도 해당과목과 책에 대한 이해는 있어야 한다

여기서 제시할 '3평'과 '속주석'으로 2차 공부 내지는 강의식 2차 공부가 완성이 된다. 다만 그렇더라도 기본적으로 그런 도입을 하려면 앞서 책에 대한 이해가 있어야 가능하다. 그러니 기본 이해를 좀 하고나서 본격적으로 책을 외움에 있어서 3평과 속주석 등을 활용해서 내 것으로 만들고 암기를 들어간다.

2. 좋은 강의는 책만 읽는 강의가 아니듯이

좋은 강의는 여러 가지 조건이 있겠지만 그중에서 공통의 사항이 있다면 절대로 책만 읽어주는 강의는 좋은 강의가 아니다. 즉 책에 적힌, 인쇄되어 적힌 것의 이외의 사항에 대해서 이야기를 해줘야 하는 것이다. 그것처럼 내용을 머릿속에 박아서 글로 적어낼 정도가 되려면 적혀져 있는, 프린트되어져 있는 것만 백날 읽는다고 되는 게 아님에 대해서 알아야 할 것이다. 그러기에 여기서 제시하는 3평과 또한 속주석이라는 도구가 아주 중요한 기능을 한다.

3. 3평과 속주석은 세부 공부의 가장 효율적 비밀병기이다

어찌되었건 큰 방법은 앞서 말 한대로 강의식을 기본으로 한다고 치고, 이 많은 것을 머리에 안고 가는 게 고역이다. 그래서 노력이 필요한 것이고, 그런 과정 후 시험이 끝나면 싹 까먹는 것이다. 그래서 부분 부분을 치밀하고 열심히 해야 할 필요가 있다.

4. 병렬 구성적인 것은 3평을 통해 나아가게 한다

지방자치적 내지는 요건효과적인 것은 당연히 기본은 깔고 가기에 전체 흐름하고도 같이 간다. 병렬 구성적인 것은 중앙집권적으로 3평을 통해서 나아갈 것은 나아가게 한다.

5. 머리에 남은 3평은 시험장에서 써먹을 밑천

훈련이 되어서 머리에 남은 3평은 두루두루 시험장에서 써먹을 밑천으로 작용된다. 즉 2차 시험은 1차 시험과 달리 사람들이 그야말로 헛짓을 하다가 시간낭비를 많이 하기도 한다. 그런데 이런 3평을 잘 만들어 두면 반드시 효자처럼 나중에 좋은 역할을 한다.

6. 3평은 지휘자 마인드의 작용

3평은 앞으로 내가 이 노래를 어떻게 지휘하겠다는 포부나 계획 등을 담은 지휘자 마인드가 발휘되는 셈이다. 물론 뒤에서 나올 속주석에서도 그런 것은 발휘가 되지만 3평에서는 그런 것이 특히 더하다. 물론 지휘자는 몸을 써서 지휘를 한다. 그러나 그 몸짓이 나오기 위해서는 반드시 그 안에 컨텐츠가 필요하다. 3평은 바로 그런 역할을 한다.

7. 3평이 하나도 기억 안 날 여지는?

1) 3평의 암기에 대해서 고민하는 사항

3평의 활용 특히 암기에 대해서 고민하는 사항은 아마도 '3평 중에 하나도 기억 안 나요.' 라는 생각일 것이다. 그러나 그렇지 않다. 3평이 고정이 되면 이게 글의 가장 앞에 나오는 기본중의 기본이기에 말이다. 그러니 가장 줄창나게 읽게 된다. 아주 노력이 적은 게 아니라면 3평 중에서 전부는 아니래도 한두 개는 기억이 안 날래도 안 날 수가 없다.

2) 수많은 3평을 써넣으면 그거 다 외워지나?

물론 여기서의 논리도 그나마 3평은 제일 앞에 있어서 줄창나게 읽으면 내 것이 된다는 논리다. 그러니 여기서부터는 노력의 양과 비례한다. 이것은 아주 중요하다. 어떤 사람들의 공부 방법은 자신의 노력만큼을 비례적으로 반영하지 못하는 방법도 많기 때문이다.

보험수리론 연금수리론의 공부 팁
: 문제를 통째로 외워라

1. 기본 의미

문제를 통째로 외워라. 다만 수학류의 문제이든 회계류의 문제이든 문제를 통째로 외우라고 조언하면 누구는 이렇게 말한다. '아니, 숫자가 늘 바뀌는데 어떻게 문제를 외울 것이며, 또 그렇게 외우는 게 의미가 있나요?' 하고 말이다. 그런데 그것은 아주 하급적인 생각이다. 문제를 외우라는 것은 기본적으로 그 문제에 흐르는 바탕에 대한 암기를 기본으로 해서 그 전체 문제 푸는 흐름을 암기하자는 것이고 그것은 그 숫자저변에 깔린 이론적 근거와 논거가 마치 주석처럼 새겨져서 외워짐에 대한 것을 말한다.

2. 주석에 대해서

이런 주석과 그 바탕내용암기에 대해서는 필자가 이야기하는 여러 큰 흐름의 이야기를 바탕으로 해서 공부의 플랫폼을 만들라. 결국에는 계산 문제도 결국 논술형의 문제와 로직에서 다르지 않다.

VIII. 강의식 공부 비밀병기 [2] 속주석

1. 들어가기

   1) 기본 의미

뭐 다음에 뭐가 나옴에 대해서 잘 관찰을 해서, 왜 앞말 다음에 뒷말이 나오는지에 대해서 파악을 하고 그것을 주석화 하도록 하자. 즉 뭐 다음에 뭐가 자연스럽게 나옴에 대해서 정리를 미리 해둬서 잘 나오게 하고, 그런 식으로 사고를 획일화 고정화 시킨다.

이것은 연상이다. 그런데 단순하게 연상이라고만 보기에는 좀 그렇다. 그래도 이것은 그것을 통해서 나오게 하는 로직의 철저한 분석이다. 이런 속주석을 통해서 나오는 내용들은 일종의 붓 칠을 하는 셈이다. 글자로 하는 붓칠이다. 이제 이런 틀이 완성이 되면 꿋꿋이 내가 갈 길을 가고 그에 맞춰서 나아간다. 문장의 진행은 마치 태풍이 지나가는 것과 비슷함이 있다.

   2) 제대로 된 2차 공부

(1) 기본 의미

즉 2차를 공부한 사람들이 처음에 생각한 읽기의 장애는 그 자체를 읽는 과정에서의 난관이라고 생각했는데, 읽다 보니까 그 자체를 이해한 후에 자연스럽게 그 뒤가 나오는가? 하는 게 관건이 되는 것이다. 즉 이게 나왔으니 이게 나와야 한다고 말이다. 그리고 이런 게 보통은 인과나 흐름으로 이어지는데, 거기에 해당하지 않는 병렬이나 구성을 가지고 고민한다. 그전에는 그 문장 자체에 너무나도 많은 공을 들이고 생각을 집중시켰다면 이제는 좀 다르게 가자는 생각의 산물이다. 그리고 몰입이 되어야 속주석이 나온다. 그러니 자연스러운 좋은 공부가 잘 된다.

(2) '왜'라는 것이 붙어서

이런 식의 사고는 결국 적혀져 있는 프린트되어져 있는 글들이 왜 그런 순서로 나오는지를 잘 탐구하는 것이다. 결국 '왜'라는 것이 탐구의 화두인데 이런 것들은 우리의 인생경험상 성공할 수 밖에 없다. 우리 인생에서 '왜'라는 것이 잘 되어 있는 것은 늘 결실과 열매를 주기 때문이다.

3) 지식의 전진화, 동작화

지식은 절대로 머무르면 안된다. 특히 2차에서는 말이다. 그래서 쿵쿵따 처럼 전진을 해야 한다. 물론 이런 사고는 1차에서는 다소 낯선 사고이다. 바로 지식의 전진화, 동작화이다.

4) 생각의 고정화, 생각의 바보화

생각이 흘러가게 한다. 그래서 뇌가 펜에게 자연명령을 내려서 '00을 적어내라'고 명령하게 된다. 이 적어내라는 자연스럽게 튀어나온다고도 판단이 되는 거다. 그래서 생각의 고정화, 좀 더 희화적으로 이야기하면 생각의 바보화가 된다. 바보화라고 하면 어색하게 들리기도 하겠지만 아마도 '그래서 바보처럼 시험은 사고가 단순해야 해'라고 생각하고 공감하는 사람들이 많을 것이다. 물론 이게 말은 바보지만 이렇게 해두면 사고의 고속도로가 형성되는 효과도 존재한다.

2. 속주석은 사고의 정리 단절 등을 해준다

책을 읽다보면, 특히 주관식으로 시험을 써내야 하는 2차를 염두에 두고 공부를 하다보면 마음만 급해지고 무엇을 어떻게 해야 할지에 대해서 생각이 복잡하다. 거기에 속주석은 일종의 교통정리를 해주는 셈이 된다. 그러기에 속주석은 사고를 정리하고 필요 없을 때는 단절도 해준다. 그래서 시험에 필요한 사고와 생각이 틀에 쪽쪽 빨려 들어가듯이 해준다.

3. 속주석의 비유적 표현

다음의 비유적 표현을 같이 생각해보자.

(1) 기계어

컴퓨터가 연산을 수행하고 수행한 것을 실행하는 하는 과정에 중앙 컴퓨터가 보여주는 명령어와 유사하다.

(2) 뱀 주사위 게임

마치 과거의 뱀 주사위 게임에서 화살표로 이동하는 것과 같다.

(3) 쌍대

뭐가 나오면 트윈으로 나오는 쌍대와 의미가 유사하다.

(4) 쿵쿵따

쿵쿵따 하면서 끝말을 이어 연쇄적으로 나오는 것처럼 우리의 답안이 쿵쿵따를 논리적이고 필연적으로 가게 하는 것이다. 그게 속주석이다.

(5) 무에서 유를 만들어 내기

이것은 마치 무에서 유를 만들어 낸다고 봐야 하는 과정이다.

(6) 생각의 고속도로

이렇게 되어서 생각의 고속도로를 만들어주는 셈이다. 그런 생각의 고속도로는 시험장에서도 써먹고 공부할 때도 써먹는다.

(7) 스토리텔링

학습의 종국에는 책에 인쇄된 내용 외의 것들이 더 많이 양성이 되고, 완성이 되어서 스토리텔링으로 만들어져 나와야 한다. 그게 스토리텔링의 완성이 된다.

(8) 와꾸 또는 그 해당과목의 공부 틀

흔히 수험가에서는 와꾸(틀)라고 불리는 그 해당과목의 공부 틀이 중요하다. 그런데 그런 것들도 이런 속주석을 통해서 정리가 된다. 즉 이 자체가 와꾸다. 속주석으로도 와꾸의 표현이 가능하다.

(9) 6하원칙

우리의 질문의 상당부분이 겹칠 수 있다. 특히 병렬적으로나 인과적으로 제시를 하다보면 말이다. 여기 또 저기에 필요한데 그런 상황에서는 가장 딱 필요한 그것에 집중을 해서 가야 한다.

(10) 자문자답

결국 실력 있는 2차 학습자는 그 학습내용에 대해서 자문자답이 되어야 한다. 즉 스스로 문제를 제기해서 사고의 폭을 넓히고 거기에 대해서 스스로 만족할만한 답을 내어야 한다. 이런 과정이 바로 3평과 속주석을 통해서 이뤄지는 과정이고 그게 동적으로 중계가 되는 것이다. 필자가 이런 이야기들을 하면서 스스로의 문제집, 스스로의 자습서, 스스로의 해설서 이야기를 하는 것도 다 같은 맥락에서 봐야 한다.

(11) 리드 비트윈 더 라인(Read between the line) 롸이트 비트윈 더 라인(Write between the line)

행간의 의미를 파악하고 잘 정리하는 게 공부고수임은 누구도 부인하지 못한다. 바로 그런 것을 나타내는 게 리드 비트윈 더 라인(Read between the line) 롸이트 비트윈 더 라인(Write between the line)이다. 원래는 리드 비트윈 더 라인의 표현이 보편적으로 쓰이지만 주관식 시험을 대비해야 하니까 롸이트 비트윈 더 라인을 생각하지 않을 수 없다. 그래서 리드 비트윈 더 라인이 되면 그게 롸이트 비트윈 더 라인으로 승화가 되고 롸이트 비트윈 더 라인이 리드 비트윈 더 라인의 바탕이 되어주고는 한다. 양자의 관계가 그렇다. 그리고 그런 것들 모두가 바로 3평과 속주석이 된다.

4. 말의 연속은 중간평가를 바탕으로 해서 나온다

말의 연속, 연쇄에 대한 연구를 해보면 하나의 말이 나오고 자연스럽게 그 다음 말이 나오려면 그것은 그냥 나오는 게 아니라 중간평가를 바탕으로 해서 나온다. 그냥 막 튀어 나오는 게 아니라 어떤 말이 나오고 그 말에 대한 평가를 한 후 자연스럽게 그 뒷말은 이게 나온다는 식으로 된다. 즉 지금의 우리 상황은 '자, 이게 이러니 이게 나옵니다.' 하는 식의 주문/강의/해설 이런 게 필요하다. 그런데 그게 바로 나오지 않으니 평가문이 필요하고 그 평가문은 상황에 따라서의 것이 반영이 된 것이다. 좀 더 자세히 말하면 다음과 같다. '이것은 무엇이다 무엇으로 평가된다. 그렇다면 그것에 00하는 무엇이 있어야 하는 거 아닌가?' 라는 식으로 논리가 진행된다.

5. 강의식과 속주석의 관계

강의가 잘 나오게 하는 게 속주석이다. 모든 강사들은 속주석을 가지고 있다. 그것이 혹시 명시적인 형태는 적더라도 비공식적으로 가지고 있던지, 자기가 자신 없거나 좀 중요한 부분은 적고 외우고 하는 식으로 한다.

6. 묘사력이 중요하다

공부하는 사람이 책에 속주석으로 적는 묘사력이 그렇게 중요하게 작용하는가? 그렇다. 즉 논리가 기본 바탕은 되지만 묘사를 잘하면 공감대도 잘생기고 재미도 있다. 그래서 기억이 잘 난다.

7. 병렬의식과 인과의식이 중요

글은 결국 두 가지 방향으로 전진한다. 하나는 인과적이다. 요건이 있으니 효과가 있고, 1이 있으니 2가 있다. 그것 외에 병렬도 있다. 구성을 이루는 병렬이든, 그냥 병렬이든 이게 이것과 병렬적으로 나란히 나간다고 정의하는 것이 병렬의식이다.

8. 자습서를 스스로 만들어 내기에 비유

자습서를 스스로 만들어 내는 것에 비유가 된다. 즉 학습자가 자체적으로 만든 스스로의 자습서, 스스로의 문제집, 스스로의 해설서가 되는 것이다. 그런데 그 내용들이 철저히 다음 내용을 어떻게 끌고 올 것인지에 대해서 고민을 많이 한다. 해당내용에 대한 고민은 아주 그렇게까지는 고민을 크게 하지는 않는다.

9. 이런 속주석의 제작에 짬시간 활용도 가능하다

1) 짬시간의 활용

시간관리 즉 공부의 투자, 시간별 분석도 중요하다. 그래서 시간별로 아주 짧은 시간도 잘 활용해야 한다. 그래서 아주 짧은 시간도 의미 있게 쓰게 한다. 특히 쪼가리 공부는 힘들다. 특히 2차는 말이다. 쪼가리 공부를 하기가 1차보다도 더 힘든 이유는 연결성이 크기 때문이다. 그런데 이렇게 속주석을 잘 제작하면 잘 시간을 써먹는 좋은 공부가 된다. 즉 제대로 된 공부는 범위가 작게도 공부가 가능한 것이어야 한다. 우리식으로 하면 다른 말로 작은 운전이라고 생각이 되는 것이어야 한다. 특히 우리는 각 페이지(시작 등) 개념이 투철하니, 페이지 개별성도 담고 한다. 물론 그것은 운전 더하기 리걸마인드적 개별특수성이 이뤄진 것이다. 그래서 머리에 새겨진다. 오래 남는다.

2) 철저히 시간을 잘 써라

시간관리 즉 철저히 시간을 관리하고 싶다. 일단 철저히 시간을 관리할 전제는 된다. 이렇게 속주석 제작과 암기로 뇌와 손을 철저히 움직여라. 바지런히 움직여라.

3) 모든 막히는 등의 상황에, 동적 개념을 강조하자

동적 재산적으로 일을 수행한다. 그래서 모든 막히는 등의 상황에, 동적 개념을 강조하자. 더 여기에 가치를 두는 것을 의미한다. 역동적으로 움직여서 공부도 되게 하자.

10. 속주석의 책에 적어주는 위치

속주석은 책에 필요한 곳에 적는다. 그런데 그 내용이 '이런 내용이 왔기에 저런 내용이 뒤에 온다.'이기에 화살표가 서로 두 곳에 찍히는 식으로 제작이 가능하다.

11. 비주얼과 내용의 양동작전

이런 식의 속주석을 잘 정리하고 적어줘서 비주얼과 내용의 양동작전을 이룬다. 즉 내용은 내용대로 비주얼은 비주얼대로 해서 책을 통째로 외움을 도와준다. 그게 바로 진정한 통암기 개념이기도 하다. 실제로 통으로 암기해야지 하고 생각하지만 그게 말처럼은 쉽지 않은데 우리의 방법은 그에 대한 완벽한 솔루션을 제공한다.

12. 실제 기출문제나 모의문제를 보면서 계속 속주석을 생각하라

실제 기출문제를 읽고 있는 자신을 생각하면 좀 더 뭔가를 얻어가는 게 있어야한다. 그래서 실제 기출을 보면 왠지 어떤 모습이던 가슴이 뛴다고 하는 사람들은 더욱이나 보면서 계속 속주석을 생각하라.

13. 속주석은 1차 객관식 때의 판단근거 비슷하게 작용한다

속주석은 마치 1차 때의 판단근거처럼 작용한다. 그것도 그 지문에 바로는 나타나지는 않지만 그 당부를 판단할 때의 아주 가장 기본 팩터가 된다.

14. 속주석과 3평은 플랫폼적 도구

속주석과 3평은 완전히 새로운 생각이 아니라, 머릿속의 혼잡하고 랜덤한 생각을 잡아주고 지지하는 플랫폼적 도구로서 작용을 하게 된다. 즉 이 자체는 아주 특별하고 화끈한 아이디어가 발명품이 아니라 다들 좀 생각하고 있던 것을 공식화 포멀화해서 제시를 하는 것이라고 본다.

15. 숙주석과 3평은 책을 읽음에 있어서 소화효소 같은 존재

1) 완벽한 책의 이해

속주석과 3평은 책을 좀 더 쉽게 읽게도 해주는 존재이다. 우리는 언제부터인가 책을 읽으면서 문뜩 문뜩 도대체 이해란 무엇인가라는 생각을 자주 해보게 된다. 그렇다. 진정한 이해란 무엇이기에 책을 읽으면서 이해가 되게 하고 넘어가는가? 하고 말이다. 물론 완벽한 이해란 책을 보지 않고도 다 암송하고 읊어낸다면 그게 완벽한 이해가 될 거다. 그런데 그게 쉽지 않지 않은가? 그래서 이해를 한다는 것을 정의내리고 스스로 체감을 하기가 힘든 측면이 있다.

2) 책 읽기의 소화효소

그러기에 이런 식의 3평과 속주석은 그런 책을 이해하고 가는 데에 아주 좋은 도움자로서 소화효소, 좀 더 구체적으로 학문적으로 폼을 잡으면 세크레틴 같은 존재가 된다. 원래는 이들은 내용이 튀어나오게 하는 데에 도움을 주고자 정리되고 고안된 개념이지만, 그런 표현수준 표출수준까지를 만드는데 도움이 된다면 그것은 반드시 책 읽기에도 아주 큰 도움이 된다.

16. 속주석과 3평에 재미있는 표현을 쓰자

1) 주관식은 주관식인가?

주관식의 특징은 그야 말로 주관대로, 자기 마음대로 해도 된다. 그런데 사실 거의 모든 주관식 시험은 자기 마음대로가 아니다. 거의 모범답안 틀이 있어서 그것을 달달 외우고 가야한다. 그러기에 진정한 자유성은 없다.

2) 속주석과 3평은 자기 마음대로 해라

그런 가운데 속주석과 3평은 자기 마음대로 해도 된다. 즉 거기는 자유공간 자유사상의 장이다. 그러니 자기가 하고 싶은 대로의 글을 쓰고 남긴다. 그래서 거기에 유머를 넣어도 되고, 거기에 자기가 하고 싶은 뭔가를 넣어도 된다. 암기가 되는 데에, 내용을 끌고 오는 데에 도움이 된다면 말이다.

17. 말의 내용은 어떻게 끌어와지게 되는가?

1) 기본 의미

결국 이런 관점으로 보면 주관식은 백지를 주고 거기에 제목만 덩그러니 있는 가운데에서 자신이 이야기를 끌고 오고, 또 끌고 오고, 또 끌고 오는 구조이다. 물론 그렇게 끌고 오는 것은 미리 공부가 되어 있기에 가능한 것이다. 다르게 말하면 결국은 이야기를 끌고 오는 것이다. 이런 이야기를 끌고 오고 말을 끌고 옴은 좀 언어학적, 정신분석학적 탐구가 필요하다.

2) 단초가 있어야 끌고 온다

우리가 강의를 할 때도 뭐를 이야기 하다보면 속으로 '아, 이것도 말을 해 줘야지'하고 생각을 하게 된다. 그것은 대화를 할 때에도 마찬가지의 논리가 된다. 그렇게 단초가 있어서 끌고 오게 된다. 그런 논리는 꼭 거창한 강의나 글쓰기가 아니어도 일상의 대화에서도 마찬가지로 보이게 된다. 즉 대화를 하면서도 이야기가 산으로 간다는 말도 하지만 그렇게 가는 것은 그냥 가는 게 아니라 무슨 주제에 대해 이야기하면서도 어떤 단서나 단초가 생겨서 '그래. 그것도 이야기를 해야지.'하는 식으로 하다가 이야기가 나오게 된다.

3) 단초 단서의 핵심에는 비교가 있다

그러한 단초나 단서의 핵심에는 비교 내지는 비교요소가 있다. 즉 어떤 것을 이야기하고 어떤 것을 논하다가도 이게 나온다면 이게 비교가 되어서 논하게 된다는 식이다. 그 비교는 공통요소를 간직한 대등적인 비교가 될 수도 있고, 반대적 요소로 갈수도 있다. 좌우지간 공통요소를 아주 기본으로 끼고 비교가 되는 것이 핵심이 된다.

18. 2차 학습은 부지런히 3평과 속주석을 가다듬는 과정

그래서 2차 학습은 계속적으로 3평과 속주석을 가다듬는 의지, 지구력의 과정이 된다. 계속 연구하고 적어주는 것이다. 이미 적어진 것을 보강하여 적어주는 것도 좋은 과정 중의 하나가 된다.

19. 속주석은 바로 뒤의 것만으로 연결되지는 않는다

속주석은 물론 상당수가 이 내용의 바로 뒤에 무엇이 올지에 대한 내용이다. 그러나 실제로는 속주석은 바로 뒤의 것을 가져오기도 하고, 저 멀리 뒤의 것을 가져오기도 하며, 심지어는 저 앞의 것을 가지고 오기도 한다.

20. 작용반작용 의식도 발휘가 된다

속주석의 내용으로는 작용 반작용의식도 발휘가 된다. '이게 나왔으니, 이것으로 가야 한다'는 식이 된다.

21. 평가가 있으면 그 다음이 있다

결국 이런 속주석에 의한 것은 존재하는 문장과 단락에 대한 평가이다. 그런 평가가 있기에 그 평가에 기반해서, '그러면 나올만한 OO'에 대해서 따져보는 것이다.

22. 강의식 공부가 본격화되어서 읽기의 목표가 달성이 되는지

 1) 기본 의미

처음부터 설정을 함에 있어서 이런 식의 강의식 공부의 목표는 책을 빨리 정확히 쉽게 남게 읽는 것이라고 제시를 했다. 그런 목표들은 필자가 제시하는 강의식을 통해서 반드시 달성이 된다. 그것을 좀 더 세부적으로 해서 제시를 한다.

2) 강의식으로 구성이 된 상태에 3평과 속주석이 강화된 모습

책 읽기 모습	강의식으로 구성	3평과 속주석이 보강된 구성
빨리	· 이 모든 것을 제대로 하면 우왕좌왕이 없어서 빨리 된다 (1차 때도 우왕좌왕이 문제)	· 속주석이 본 내용의 인쇄된 책을 빨리 보게 한다
정확히	· 강의식으로 요점을 압착하면 정확하고 시간효율도 생긴다	· 속주석으로 본 내용의 이해가 강화 된다
쉽게	· 이런 게 되면 그래도 가장 쉬운 거다	
남게	· 차곡차곡 강의 준비하듯이 두면 그게 남는다 · 연쇄성애 대해서는 치밀히 고민하고 반복 훈련한다	· 속주석으로 본 내용이 더 기억 강화적으로 남는다

23. 책에 속주석과 3평이 적혀 가면 합격가능성은 높아진다

공부를 하면서 늘 드는 두려움 특히 2차를 준비하면서의 두려움은 합격에 대한 막연함이다. 1차는 그래도 하나하나의 문제를 푸는 거니 자신이 풀 능력이 되는가, 안 되는가를 넓든 좁든 평가를 하고 가게 된다. 그런데 2차는 그렇지 않다. 그래서 이런 속주석과 3평이 의미가 있는 거다. 속주석과 3평이 책에 잘 적혀지고 굳어져 가면 합격가능성은 점점 높아지는 거다. 어차피 우리가 맞닥뜨려야 할 2차는 결국 적어내는 것이고, 그것은 아주 틀리지만 않다면 적절한 내용을 적어내기의 싸움이다. 그렇게 적어내려면 머릿속에서 안출이 되어야 하고 그 안출은 결국 지금 우리가 적어서 점점 양적으로 늘어나고 있는 3평과 속주석이 그 내용이 되는 것이다.

24. 공부 플랫폼이 좋으면 지식은 쉽게 들어오고 쉽게 토출이 된다

1) 기본 의미

공부의 플랫폼이 잘 갖춰져 있으면 지식은 아주 쉽고 편하게 눈을 통해서 머리에 들어오고 표출이나 토출도 뇌를 통해서 입으로 나가게 된다. 그렇지 않으면 분명히 자신의 공부가 지금 좀 문제가 있는 거다.

2) 책이 두꺼워도

책이 두꺼워도 자신의 공부 플랫폼이 좋으면 그것은 아무 문제도 아닌 게 된다. 그것은 다음과 같은 이유들 때문이며, 이 사실들을 염두에 두고 공부에 임하면 책이 두꺼워도 별로 문제가 되지 않는다.
① 책에 속뜻으로 숨어있는 반복적 요소가 많다.
② 책의 내용은 핵심을 추리면 상당히 요약이 된다.
③ 시험 자체가 이 책의 두꺼운 내용을 다 일일이 토해내라고 출제가 되고 채점이 되지는 않는다.

IX. 학원이나 기타 방법론을 보는 관점

1. 학원 강의를 바라보는 관점

 1) 학원 강의가 좋을 때

좋은 강사를 만나면 학원 강의만큼이나 좋은 게 없다. 그런데 그렇게 되지 않을 확률도 아주 커서 문제이다. 생각해보면 1차이던 2차이던 좋은 강의는 판례를 쉽게 외우게 해주고, 이 일이나 이 사건 그리고 이 문장이 왜 나오게 되어있는지 그 속 배경을 알려주는 게 좋은 강의가 된다.

강의는 다음과 같이 파악이 되는데, 이런 점에서 강의가 쓸모가 있는 거다.
① 왜 이랬는지의 일반 지식
② 목차의 체제를 잡는데 스마트한 지식
③ 기타 이 시험에서의 특유 필요한 지식

 2) 추상이 구상이 되면 그것은 좋은 학습법 좋은 접근

추상이 구상이 되면 그것은 좋은 접근이 된다. 사람은 인간은 기본적으로 추상에 약하고 구상에 강하다. 즉 무엇인가가 형상화 되고 눈에 보이면 좀 더 쉽게 접근이 가능하다. 그것은 학습에서도 학습법에서도 그렇다.

 3) 학원에서 한번 들으면 되는 것을 혼자 끙끙하면 손해?

남이 한번 딱 알려주면 끝날 것을 내가 너무 여러 번 보는 식으로 에너지 낭비하는 것은 아닌지 고민하는 사람들이 있다. 그런데 사실 내가 궁금한 것을 딱 한 번에 알려주는 사람을 만나는 것은 절대적으로 운이다.

2. 기타 법학 특유적 케이스 풀이론

1) 주어진 데에 가상적인 것을 간단히 넣어서 답이 완성이 된다

사실 아주 길이가 긴 케이스 문제도 꽤 있지만 반대로 아주 짧은 경우도 많다. 그런 경우는 주어진 것에서 뭔가 가상적인 것을 아주 간단히 넣어서 답이 완성이 된다. 그런데 그런 것을 잘 모르는 사람들이 많다. 그래서 '어휴, 문제는 이렇게 짧은데 어떻게 다 포섭을 해서 저렇게 케이스 답을 길게 만들지'하고 걱정 불평을 한다.

2) 결국 케이스도 실질적 단권화가 된 책 내용이 도와줘서 푸는 거다

케이스 풀이를 위해서 책을 많이들 사본다. 흔히들 말하는 사례집이다. 그러나 결국 케이스도 실질적 단권화가 된 책 내용이 도와줘서 푸는 거다. 그게 정리가 된 상태 그게 머리에 있는 상태에서 가지고 와서 오버랩 시켜서 푸는 것이다.

3) 문제를 읽음에 있어서 문제 상황 포인트가 있음을 염두에 두고 읽자

(1) 기본 의미

모든 법학케이스 문제들의 문제길이가 길어지고 있다. 그래도 그렇게 긴 문제 내용 전부가 답안 작성의 요지에 쓰이는 것은 아니다. 그것이 다 쓰인다고 착각하기 쉬운데 말이다. 문제를 읽음에 있어서 문제 상황 포인트가 있음을 염두에 두고 읽자.

(2) 그냥 평범한 상황이면 케이스 문제로 안 나왔을 거다

상식적으로 생각해봐도 그저 그런 평범한 상황이면 케이스로 나오지 않았을 거다. 뭔가의 법익 충돌적 여지가 있고 '이게 이럴까? 저럴까?' 하는 고민되고, 문제가 되는 상황이 있으니 시험에 나온 것이다. 그러기에 그런 삐딱한 삐딱선을 타는 포인트가 어디인가 하는 식의 관점으로 책을 본다.

(3) 판례가 시험에 나올수록

요즘은 케이스는 거의 판례가 된 게 시험에 나온다. 그렇다면 그 판례는 왜 나올지도 생각해보면 아주 이치는 당연하다. 문제가 될 여지가 있어서 재판까지 간거 아닌가? 이 경우에 법관분들의 생각은 어떤지 들어보고 싶다고 간거 아닌가? 그러니 그런 문제 포인트 삐딱 포인트를 빨리 찾아서 강약을 들여서 설문을 읽어봐야 한다.

3. 특수방법론으로서의 100회독 전략

  1) 기본 의미

일부 사람들이 활용하는 특이하면서도 효율적인 전략의 소개를 한다. 이것은 백번을 읽자는 전략이다. 남들은 한번을 보는데 끙끙댄다고 하지만 끙끙하지 말고 빨리 빨리 읽어내어서 한번을 보고 그런 회독수를 늘려서 백번을 보자고 하는 전략이다. 물론 아주 빠른 시간에 말이다. 단 한 페이지를 그냥은 넘기지 않는다. 뭐래도 한 개는 메모하거나 캐릭터 하나를 붙이거나

하는 식이다. 과거에 어느 집에서 집안이 하도 가난해서 부자 되는 방법으로 강구한 것이 집에 들어올 때 뭐 하나는 꼭 가지고 오기로 했다고 한다. 바로 그런 식이다.

2) 좋은 이유 장점 개괄

(1) 어느 새인가 실력이 와있다

개구리 올챙잇적 모른다는 이야기처럼 어느 새인가 실력이 와있다. 혹 그 정도는 안되어도 어느 새인가 친숙해져 있다.

(2) 회독수가 늘면서 생기는 쾌감을 느낀다

특히 스크린을 잘하기 위해서는 자주 보는 게 장땡이다. 그래서 그렇게 회독수가 늘면서 생기는 쾌감이 있다. 그래서 씹으면 씹을수록 단물이 나오는 상태처럼 공부한다.

3) 메모와의 연관성

한 페이지당 메모를 20개 만들고 그것으로 해결이 된다고 친다면 그런 반복의 시도와 찌름을 계속하는 셈이 된다.

4) 실행전략

자신의 실력의 바로미터만 체크한다. 즉 숫자의 싸움이라는 이야기이다.

쉬어가는 페이지 공부 팁
꼭 책에 써진 목차와 글의 순서대로 정복할 필요는 없다

사람은 심리의 동물이다. 그러니 하기 싫은 일을 억지로 하는 것은 못한다. 특히 우리처럼 가방끈이 긴 사람은 더욱더 그렇다. 그러니 꼭 책에 써진 목차와 글의 순서대로만 정복할 필요는 없다. 자기가 편한 대로 자기가 정복하고 싶은 순서대로 가도 무방하다.

< 키워드 >

3단 평가
가용지식
강의식 공부
결사대
공부 오지랖
내 식으로 변형
단권화
롸이트 비트윈 더 라인
(Write between the line)
리드 비트윈 더 라인
(Read between the line)
리걸마인드
메모 학습
명명
문제풀이암기
뭉친 것은 잘라라
밑 빠진 독에 물 붓기
밑천
법사고
사진 찍기
속주석
스크린

시스템적 사고
아이덴티티
안출
압축/압착
요건적 사고
요약
요체화
위치개념
인과관계
일절유심조
자기 책
정병렬 원리
질문/답 구조
초연결
캐릭터 붙이기
코드화
퀴즈화
타겟화
테이블
텔렉스
필요적 사고
100회독

〈 참고 서적 〉

- 150년 하버드 글쓰기 비법, 송숙희 저, 유노북스, 2022.

- 고수의 학습법, 한근태 저, 이지퍼블리싱, 2020.

- 뇌에 맡기는 공부법, 이케다 요시히로 저, 쌤앤파커스, 2018.

- 단 한 권을 읽어도 제대로 남는 메모 독서법, 신정철 저, 위즈덤하우스, 2019.

- 당신의 공부는 틀리지 않았다, 샤오TV 저, 다산북스, 2022.

- 멘탈이 강해지는 연습, 데이먼 자하리아데스 저, 서삼독, 2022.

- 완벽한 공부법, 고영성/신영준 저, 로크미디어, 2017.

- 위기주도학습법, 임현서 저, 스튜디오오드리, 2022.

- 절대 배신하지 않는 공부의 기술, 이상욱 저, 웅진지식하우스. 2021.

- 최재천의 공부, 최재천/안희경 저, 김영사, 2022.

도 서 명: 보험계리사 2차 합격은 스크린과 자기주관화가 답이다
저   자: 자격증수험연구회
초판발행: 2022년 10월 14일
발   행: 수학연구사
발 행 인: 박기혁
등록번호: 제2020-000030호
주   소: 서울특별시 영등포구 버드나루로 130 1층 104호(당산동, 강변래미안)
Tel.(02) 535-4960   Fax.(02)3473-1469

Email. kyoceram@naver.com

수학연구사 Book List

9001 고1,고2 내신 수학은 따라가지만 모의고사는 망치는 학생의 수학 문제 해결법
저자 수학연구소 / 19,500

9002 이공계 은퇴자와 강사를 위한 수학 과학 학습상담센터 사업계획 가이드
저자 수학연구소 / 19,500

9003 고3 재수생 수능 수학 만점, 양치기를 어떻게 바라보고 극복할 것인가
저자 수학연구소 / 19,500

9004 대학생들이 세상에서 가장 효율적으로 일본어를 정복하는 방법
저자 최단시간일본어연구회 / 19,500

9005 프랑스어를 꼭 공부해야 하는 대학생들이 쉽게 어려운 단어를 외우는 방법
저자 최단시간프랑스어연구회 / 19,500

9006 중국어를 빠르게 배우고 싶은 해외 파견 공무원들을 위한 책
저자 최단시간중국어연구회 / 19,500

9007 변리사들이 효율성 높게 일본어를 익히는 법
저자 변리사실무연구회 / 19,500

9008 세무사가 업무상 필요한 일본어 청취를 빠르게 습득하는 법
저자 세무사실무연구회 / 19,500

9009 심리상담사가 프랑스어 단어를 빠르게 익히는 방법
저자 상담심리실무연구회 / 19,500

9010 업무용 일본어 듣기의 효율성을 높이는 법: 해외파견공무원용
저자 공무원실무연구회 / 19,500

9011 관세사들이 스페인어 단어를 쉽고 빠르게 외우는 법
저자 관세사실무연구회 / 19,500

9012 스페인어 리스닝을 쉽게 하는 법: 해외파견금융기관직원을 위한 책
저자 금융실무연구회 / 19,500

9013 관세사가 알면 좋을 프랑스어 단어를 효율적으로 외우는 법
저자 관세사실무연구회 / 19,500

9014 법조인이 알면 좋을 스페인어 단어를 빠르게 익히는 법
저자 법조인실무연구회 / 19,500

9015 법조인이 알면 좋을 스페인어 단어를 빠르게 익히는 법
저자 법조인실무연구회 / 19,500

9016 미용 뷰티업계에서 알면 좋을 이탈리아어 단어 빠르게 외우는 법
저자 뷰티실무연구회 / 19,500

9017 간호대학생과 간호사 의학용어시험 만점! 심장순환계통단어 암기법
저자 의학수험연구회 / 19,500

9018 항공공항업계에서 알면 좋을 스페인어 단어 스피드 암기법
저자 항공공항실무연구회 / 19,500

9019 약사와 약대생을 위한 의학용어 만점암기법_ 심장순환계와 근육계
저자 의학수험연구회 / 19,500

9020 한의사와 한의대생을 위한 양의학용어 암기법_ 호흡기와 감각기
저자 의학수험연구회 / 19,500

9021 의료변호사를 위한 의학용어 암기법_ 소화기와 비뇨기
저자 의학수험연구회 / 19,500

9022 건강보험공단 직원과 취준생을 위한 의학용어 암기법_ 감각기와 호흡기
저자 의학수험연구회 / 19,500

9023 간호사 국가고시 합격기간 단축하기_ 1교시 성인간호, 모성간호
저자 의학수험연구회 / 19,500

9024 건강보험공단 직원과 취준생을 위한 의학용어 암기법_ 감각기와 호흡기
저자 의학수험연구회 / 19,500

9025 수의사와 수의대생을 위한 의학용어 암기법_ 근골계와 심장순환계
저자 의학수험연구회 / 19,500

9026 식품위생직, 식품기사 시험을 위한 식품미생물 점수 쉽게 따기
저자 식품위생연구회 / 19,500

9027 영양사 시험 스피드 합격비법_ 1교시 영양학, 생화학, 생리학 중심
저자 영양사시험연구회 / 19,500

9028 영양사 시험 스피드 합격비법_ 2교시 식품학, 식품위생 중심
저자 영양사시험연구회 / 19,500

9029 6급 기관사 해기사 자격 시험 스피드 합격비법
저자 해기사시험연구회 / 19,500

9030 재배학개론 농업직 공무원시험 스피드 합격비법
저자 공무원시험연구회 / 19,500

9031 식용작물학 농업직 공무원시험 스피드 합격비법
저자 공무원시험연구회 / 19,500

9032 수능 지구과학1 입체적 이해로 만점 받기
저자 수능시험연구회 / 19,500

9033 건축구조 건축직 공무원 시험 교과서 술술 읽히게 하는 책
저자 공무원시험연구회 / 19,500

9034 위생관계법규 조문과 오엑스 조리직 공무원시험
저자 공무원시험연구회 / 19,500

9035 자동차구조원리 운전직 공무원 시험 교과서 술술 읽히게 하는 책
저자 공무원시험연구회 / 19,500

9036 수의사와 수의대생을 위한 의학용어_ 암기법 소화기와 비뇨기
저자 의학수험연구회 / 19,500

9037 도로교통사고 감정사 1차 시험 교과서 술술 읽히게 하는 책
저자 자격증수험연구회 / 19,500

9038 위험물산업기사 필기시험 교과서 술술 읽히고 암기되게 하는 책
저자 자격증수험연구회 / 19,500

9039 소방관계법규 조문과 오엑스 소방직 공무원시험
저자 공무원시험연구회 / 19,500

9040 양장기능사 필기시험 교과서 술술 읽히고 암기되게 하는 책
저자 자격증수험연구회 / 19,500

9041 섬유공학 패션의류 전공자가 섬유가공학 술술 읽고 학점도 잘 받게 해주는 책
저자 섬유공학패션연구회 / 19,500

9042 의류복식사 술술 읽고 학점 잘 받게 해주는 섬유공학 패션의류 전공자를 위한 책
저자 섬유공학패션연구회 / 19,500

9043 반도체장비유지보수 기능사 필기 교과서 술술 읽히고 암기되게 하는 책
저자 자격증수험연구회 / 19,500

9044 4급 항해사 해기사 자격 수험서 술술 읽히고 암기되게 하는 책
저자 자격증수험연구회 / 19,500

9045 접착 계면산업 관련 논문 특허자료 술술 읽히고 암기되게 하는 책
저자 접착계면산업연구회 / 19,500

9046 재수삼수 생활로 점수 올려 대입 성공한 이야기
저자 오답노트컨설팅클럽 / 19,500

9047 치위생사 국가시험 수험서 술술 읽히고 암기되게 하는 책
저자 자격증수험연구회 / 19,500

9048 치위생사 국가시험 수험서 술술 읽히고 암기되게 하는 책_ 2교시 임상치위생처치 등
저자 자격증수험연구회 / 19,500

9049 가스산업기사 필기시험 수험서 술술 읽히고 암기되게 하는 책
저자 자격증수험연구회 / 19,500

9050 응급구조사 1,2급 시험 수험서 술술 읽히고 암기되게 하는 책
저자 자격증수험연구회 / 19,500

수학연구사 Book List

9051 떡제조기능사 시험 수험서 술술 읽히고 암기되게 하는 책
저자 자격증수험연구회 / 19,500

9052 임상병리사 시험 수험서 술술 읽히고 암기되게 하는 책
저자 자격증수험연구회 / 19,500

9053 의료관계법규 4대법 조문과 오엑스 뽀개기 의료기술직 공무원시험
저자 공무원시험연구회 / 19,500

9054 간호학 전공자가 간호미생물학 술술 읽고 학점도 잘 받게 해주는 책
저자 간호학연구회 / 19,500

9055 간호사 국가고시 합격기간 단축하기_ 2교시 아동간호, 정신간호 등
저자 의학수험연구회 / 19,500

9056 도로교통법규 조문과 오엑스 뽀개기 운전직 공무원시험
저자 공무원시험연구회 / 19,500

9057 전기공학부생들이 시험 잘 보고 학점 잘 따는 법
저자 기술튜터토니 / 19,500

9058 간호대학생들이 약리학을 쉽게 습득하는 학습법
저자 간호학연구회 / 19,500

9059 의치대를 목표하는 초등생자녀 이렇게 책 읽고 시험 보게 하라
저자 의치대보낸부모들 / 19,500

9060 지적관계법규 조문과 오엑스 뽀개기 지적직 공무원시험
저자 공무원시험연구회 / 19,500

9061 방송통신대 법학과 학생이 학점 잘 받게 공부하는 법
저자 법학수험연구회 / 19,500

9062 공인중개사 1차 시험 쉽게 합격하는 학습법
저자 법학수험연구회 / 19,500

9063 기술직 공무원 시험 쉽게 합격하는 학습법
저자 공무원시험연구회 / 19,500

9064 독학사 간호과정 공부 쉽게 마스터하기
저자 간호학연구회 / 19,500

9065 주택관리사 시험 빠르게 붙는 방법과 노하우
저자 자격증수험연구회 / 19,500

9066 비로스쿨 법학과 대학생들을 위한 공부 방법론
저자 법학수험연구회 / 19,500

9067 기술지도사 필기시험 빠르고 쉽게 합격하는 학습법
저자 자격증수험연구회 / 19,500

9068 감정평가사 시험 스트레스 낮추고 빠르게 최종 합격하는 길
저자 자격증수험연구회 / 19,500

9069 의무기록사 시험 합격을 위한 의학용어 암기법_ 순환계와 근골계
저자 의학수험연구회 / 19,500

9070 의무기록사 시험 합격을 위한 의학용어 암기법_ 소화기와 비뇨기
저자 의학수험연구회 / 19,500

9071 감정평가사 2차 합격을 위한 서브노트의 필요성 논의와 공부법
저자 자격증수험연구회 / 19,500

9072 감정평가사 민법총칙 최단시간 공부법과 문제풀이법
저자 자격증수험연구회 / 19,500

9073 게임 IT업계 직원이 영어를 빠르게 듣고 말할 수 있는 방법
저자 최단시간영어연구회 / 19,500

9074 IT 게임업계 직원이 효율적으로 빠르게 일본어를 습득하는 법
저자 최단시간일본어연구회 / 19,500

9075 게임회사 IT업계 직원이 프랑스어 단어를 빨리 익히는 법
저자 최단시간프랑스어연구회 / 19,500

9076 경영지도사가 빠르고 효율적으로 중국어를 배우는 법
저자 최단시간중국어연구회 / 19,500

9077 유튜버가 일본어 청취를 빠르게 익히는 방법
저자 최단시간일본어연구회 / 19,500

9078 법조인들이 알면 좋을 프랑스어 단어를 빠르게 익히는 법
저자 최단시간프랑스어연구회 / 19,500

9079 경영지도사에게 필요한 스페인어 단어 빠르게 익히기
저자 최단시간스페인어연구회 / 19,500

9080 일본어 JLPT N4, N5 최단시간에 합격하는 법
저자 최단시간일본어연구회 / 19,500

9081 관세사에게 필요한 이탈리아어 단어 빠르게 익히기
저자 최단시간외국어연구회 / 19,500

9082 일본 관련 사업을 하는 중개사를 위한 효율적인 일본어 듣기법
저자 최단시간외국어연구회 / 19,500

9083 일본 취업 준비생을 위한 일본어 리스닝과 단어 실력 빠르게 올리는 방법
저자 최단시간외국어연구회 / 19,500

9084 관세사에게 필요한 중국어 빠르게 습득하는 법
저자 최단시간외국어연구회 / 19,500

9085 누적과 예측을 통한 영어 말하기와 듣기 해답_ 해외진출자를 위한 책
저자 최단시간외국어연구회 / 19,500

9086 스페인어를 공부해야 하는 대학생들이 빠르게 단어를 숙지하는 법
저자 최단시간외국어연구회 / 19,500

9087 취업 준비 대학생은 인생 자격증으로 공인중개사 시험에 도전하라
저자 자격증수험연구회 / 19,500

9088 고경력 은퇴자에게 공인중개사 시험을 강력 추천하는 이유와 방법론
저자 자격증수험연구회 / 19,500

9089 효율적인 4개 국어 학습법과 외국어 실력 올리는 방법
저자 최단시간외국어연구회 / 19,500

9090 여성들의 미래대안 공인중개사 시험 도전에 필요한 공부 가이드
저자 자격증수험연구회 / 19,500

9091 해외파견근무직원들이 이탈리아어 단어 빠르게 익히는 방법
저자 최단시간외국어연구회 / 19,500

9092 영어 귀가 뻥 뚫리는 리스닝 훈련법
저자 최단시간외국어연구회 / 19,500

9093 열성아빠를 위한 민사고 졸업생의 생활팁과 우수 공부비법
저자 교육연구회 / 19,500

9094 유초등 아이 키우는 열정할머니를 위한 민사고 생활팁과 공부가이드
저자 교육연구회 / 19,500

9095 심리상담사가 일본어를 쉽게 배울 수 있는 노하우와 팁
저자 최단시간외국어연구회 / 19,500

9096 법조인을 위한 들리는 소리에 집중하는 외국어 리스닝과 단어 훈련법
저자 최단시간외국어연구회 / 19,500

9097 관세사를 위한 문법 상관없이 받아 듣고 적는 외국어 학습법
저자 최단시간외국어연구회 / 19,500

9098 민사고에 진학할 똑똑한 중학생을 위한 민사고 공부팁과 인생 이야기
저자 교육연구회 / 19,500

9099 해외파견근무직원들을 위한 프랑스어 단어 쉽게 배우기
저자 최단시간외국어연구회 / 19,500

9100 해외파견근무직원들이 일본어를 쉽고 빠르게 공부하는 방법
저자 최단시간외국어연구회 / 19,500

수학연구사 Book List

9101 대학생들이 이탈리아어 단어 쉽고 빠르게 익히는 법
저자 최단시간외국어연구회 / 19,500

9102 뷰티 화장품 업계에서 알면 좋을 스페인어 단어 쉽게 익히기
저자 최단시간외국어연구회 / 19,500

9103 민사고 진학에 갈등을 느끼는 딸바보 아빠를 위한 인생 조언과 공부법
저자 교육연구회 / 19,500

9104 유튜버를 위한 영어 리스닝과 스피킹 실력 빠르게 올리는 법
저자 최단시간외국어연구회 / 19,500

9105 해외파견직들을 위한 문법 없이 어학 공부하는 방법
저자 최단시간외국어연구회 / 19,500

9106 변리사가 프랑스어 단어를 쉽고 빠르게 배우는 법
저자 최단시간외국어연구회 / 19,500

9107 법조인이 알면 좋을 중국어 스피드 습득법
저자 최단시간외국어연구회 / 19,500

9108 임용고시 합격하려면 고시 노장처럼 공부하지 마라
저자 임용고시연구회 / 19,500

9109 임용고시 합격을 위한 조언_ 공부로 생긴 스트레스 공부로 풀어라
저자 임용고시연구회 / 19,500

9110 가맹거래사 시험 법학에 자신이 없는 사람들이 꼭 봐야 할 합격법
저자 자격증수험연구회 / 19,500

9111 가맹거래사 책이 쉽게 이해되지 않는 사람들을 위한 수험전략 가이드
저자 자격증수험연구회 / 19,500

9112 항공 및 공항 업계에서 알면 좋을 이탈리아어 단어 효율 암기법
저자 최단시간외국어연구회 / 19,500

9113 은퇴자를 위한 외국인과 만나는 게 즐거운 영어 리스닝 방법
저자 최단시간외국어연구회 / 19,500

9114 항공과 공항업계인을 위한 일본어 듣기와 단어 청크 단위 학습법
저자 최단시간외국어연구회 / 19,500

9115 유튜버가 프랑스어 단어에 쉽게 접근하고 익히는 법
저자 최단시간외국어연구회 / 19,500

9116 대학생이 필요한 스페인어 청취를 빠르게 습득하는 법
저자 최단시간외국어연구회 / 19,500

9117 해외파견직들을 위한 스페인어 단어 스피드 학습법
저자 최단시간외국어연구회 / 19,500

9118 관세사를 위한 직청직해 소리단어장 다국어 훈련법
저자 최단시간외국어연구회 / 19,500

9119 경비지도사 처음 도전하는 사람들이 꼭 알아야 할 시험 접근법
저자 자격증수험연구회 / 19,500

9120 유튜버가 이탈리아어 단어 효율적으로 익히는 방법
저자 최단시간외국어연구회 / 19,500

9121 관세사가 빠르고 쉽게 일본어 실력 올리는 법
저자 최단시간외국어연구회 / 19,500

9122 영어가 부족한 법조인을 위한 리스닝과 스피킹 효율 학습법
저자 최단시간외국어연구회 / 19,500

9123 미용 뷰티업계에서 알면 좋을 일본어 쉽게 접근하는 법
저자 최단시간외국어연구회 / 19,500

9124 대학생을 위한 외국어 공부법_ 문법은 버리고 소리에 집중하자
저자 최단시간외국어연구회 / 19,500

9125 심리상담사가 스페인어 단어를 효율적으로 배우는 방법
저자 최단시간외국어연구회 / 19,500

9126 대학생을 위한 다양한 외국어 쉽게 접근하게 해주는 가이드
저자 최단시간외국어연구회 / 19,500